像查理·芒格
一样投资

吕长顺（@凯恩斯） 王圣雄 _____ 著

机械工业出版社
CHINA MACHINE PRESS

查理·芒格不仅是一位出色的投资家，更是一位充满智慧的思想家。本书透过查理·芒格鲜活的人生历程和其经手操盘的投资案例，全面复盘并展现了他的投资智慧和人生智慧，同时系统阐释了查理·芒格充满智慧的思维模型，特别是他堪称经典的格栅模型。

本书作者基于多年对查理·芒格投资案例的研究以及持续的亲身实践，将查理·芒格的思想和投资策略化繁为简，总结提炼为投资常识、实战手法，帮助读者系统学习查理·芒格的投资理论，同时学会像查理·芒格一样思考和投资。

图书在版编目（CIP）数据

像查理·芒格一样投资 / 吕长顺，王圣雄著 .
— 北京：机械工业出版社，2021.6
ISBN 978-7-111-68446-6

Ⅰ.①像… Ⅱ.①吕… ②王… Ⅲ.①查理·芒格 – 投资 – 经验
Ⅳ.① F837.124.8

中国版本图书馆CIP数据核字（2021）第113117号

机械工业出版社（北京市百万庄大街22号　邮政编码100037）
策划编辑：曹雅君　　　　责任编辑：曹雅君　李佳贝
责任校对：郭明磊　　　　责任印制：李　昂
北京联兴盛业印刷股份有限公司印刷

2021年8月第1版第1次印刷
170mm×230mm · 15印张 · 1插页 · 169千字
标准书号：ISBN 978-7-111-68446-6
定价：79.00元

电话服务　　　　　　　　网络服务
客服电话：010-88361066　　机 工 官 网：www.cmpbook.com
　　　　　010-88379833　　机 工 官 博：weibo.com/cmp1952
　　　　　010-68326294　　金 书 网：www.golden-book.com
封底无防伪标均为盗版　　机工教育服务网：www.cmpedu.com

思想的力量

说到查理·芒格，人们会立刻联想到股神沃伦·巴菲特，的确，他是巴菲特的黄金搭档和幕后智囊、伯克希尔·哈撒韦公司（以下简称伯克希尔公司）的副主席，他和巴菲特两个人用了40年时间实现了公司估值20 000倍的增长，堪称投资史上的奇迹。

每年5月初，全球数万投资者竞相前往奥马哈参加伯克希尔公司的股东盛会，只为亲耳聆听巴菲特和芒格的投资思想。在股东大会上，比起巴菲特的侃侃而谈，芒格虽然在多数时间都保持沉默，偶尔发表一些观点，但却是极富智慧的话语。

巴菲特不止一次盛赞芒格的学识，他说："芒格用思想力量拓展了我的事业，让我以非同寻常的速度从猩猩进化到人类，否则我会比现在贫穷得多。"比尔·盖茨曾评价芒格："芒格是我遇到的最博学的思想家。"

芒格不仅仅是一位卓越的投资家，更是一位充满智慧的思想家，他的思想既有广度又很有深度，不仅令巴菲特折服，也令世人惊叹。

要想了解芒格，需要从他的投资策略和思维模型两方面去观察，本书以芒格的公开演讲内容为基点，从芒格的投资策略和心智模型两个层面多维度解读芒格，同时结合伯克希尔公司的投资案例，立体化地呈现出芒格的投资策略、思维模型和思维模式等一系列充满智慧的思想。

芒格的投资策略

芒格的投资策略是基于投资常识构建的，核心内容包括以下三点。

（1）购买优秀企业的股票，用低廉的价格或合理的价格，投资那些拥有可持续竞争优势的企业，然后长期持有就可以了，伯克希尔公司的经典投资案例基本上都是这一投资理念的践行。至于什么是优秀的企业，芒格给出的答案是："优秀的企业每年赚12%，到年底向股东分红。如果企业每年赚12%，但总是没有分红，就算不上优秀的企业。"

（2）集中投资，把钱投资在少数几只股票上，他认为发散投资是一种发疯的概念。芒格说："伯克希尔公司虽然有庞大的财富，但是大部分的钱还是通过可口可乐、喜诗糖果、宝洁公司等15家公司的好机会带来的。去掉这些投资赚来的钱，伯克希尔也只是一个普普通通的公司。"芒格建议投资者可以将所拥有财富的90%都投入一家公司中，只要这家公司是一个正确的选择。

（3）专注简单的投资。芒格认为，在决策和投资过程中专注寻找易者，避免难者，并且努力去除一切旁枝末节，有利于投资者做出更好的决策。投资者通过"不理会愚蠢的念头"和"剔除不重要的事情"，能更好地选择为数不多的几件明智的事情。专注既能使问题简单化，又能理清思路，这会带来更为实在的投资回报。

听上去非常简单的投资理念，为何大量学习芒格的投资者依然无法取得优秀的投资业绩呢？关键还是在于心智，芒格认为成为伟大的投资者需要具有耐心、不断学习、勤奋、自律等理性的心智，其中耐心是尤为关键的心理素质。

芒格的思维模型

芒格的思维模型基于多元化思维构建，芒格称之为格栅模型。芒格这么解释格栅模型："很多学科都有自己的模型，如心理学、历史、数学、物理、哲学、生物学等。借助不同学科的一系列模型，经过综合学习及融会贯通，形成一个综合模型，这要比几个部分拼凑起来更有价值。"

芒格的投资体系和思维模型，不但使他在长达 40 年的时间长河中保持着卓越的投资业绩，更令他保持着健康长寿的幸福生活，即使 96 岁高龄，他依然有着清晰的头脑和旺盛的精力。这值得我们每个投资者学习和思考。

诚愿每个投资者都能耐心等待好机会、在投资中少犯错、在生活中避免不幸事件，享受投资带来的乐趣，过上幸福而健康的生活。

吕长顺（@凯恩斯）

2021 年 4 月

成功在于避免犯错

无论从哪个角度看，芒格都堪称人生的大赢家，富有、睿智、长寿、有美满的家庭，而这一切得益于芒格严格遵守投资常识和生活常识。

芒格大部分时间不是在寻找投资机会，而是等待合适的长线投资机会，等待一个合适的买入价格。他会随时保持警醒，以确保不会错过任何机会，为此他大量广泛地阅读，吸收有用的知识，构建多元化思维模型，保持独立的思考能力，尊重常识。

大部分投资者的心智存在着各种各样的缺陷，在投资活动中频频犯错，例如很多投资者过分自信，喜欢知难而进，他们认为自己有足够的心智解决问题，并会得到高额的回报，但实际上他们高估了自己的心智和能力，他们不但无法获得高额回报，反而会遭受高额损失。

芒格曾坦言："如果别人不经常犯错，我们就不会这么富有。"

在投资活动中，错误有两类：一是什么都不做，巴菲特称之为"吮拇指"。二是本应该大量买进的股票，却缩手缩脚，买得很少，其中最严重错误就是没有大量买进应该买进的股票。

在投资过程中构建理性的思维模型尤其重要，芒格建立了一套完整的思维模型，以避免自己犯错。他对思维模型是这样解释的："如果一个手里只有锤子作为武器的人，那么他解决所有问题的方式就是只会使用锤子。投资者需要构建多元化思维模型，就像格栅模型一样，里面装满了各种各样的思维模型，任何一个单一思维模型再完美，都会有其局限性。"

对于如何构建思维模型，芒格为投资者提供了丰富的模板和方法，如格栅模型、逆向思考逻辑、能力圈模型等，都值得我们借鉴学习。

对于投资者而言，格栅模型的最大好处在于，它能够利用多个学科的知识、概念和模型，帮助投资者重复检查投资决策，并对投资流程反复检查。格栅模型其实是让投资者做到尽量不犯错。

芒格认为，那些思路宽广并能理解不同学科中不同模型的人会做出更好的决策，少犯错误，因此能够成为更优秀的投资者。

投资活动被各类不可预知的风险和变数充斥着，在投资过程中错误不可完全避免，对于犯错后的处理，芒格有着充满智慧的认知，值得我们每个投资者学习。

芒格说："如果投资者想提高自己的认知能力，那么忘记自己的错误本身就是一个可怕的错误。事实上，生活中的一个窍门就是要学会处理错误。不能够处理好错误是许多人最终走向破产的原因。聪明的投资者的高明之处在于他们会学着比其他人少犯错误，以及在犯错后更快地弥补过失。"

芒格的智慧虽然无法复制、不可模仿，但可以借鉴，他基于常识构建的思想体系简单而质朴，每个人只要愿意遵守都可以做到，诚如他所说："生活和生意上的大多数成功来自于你知道自己应该避免哪些事情，投资上的成功在于避免犯错，生活上想要过得幸福就应该避免过早死亡、糟糕的婚姻、邪恶之人、性感诱人的异性、染上艾滋病、在路口和车抢道、吸毒等。保持长寿的秘诀在于不嫉妒，不抱怨，不过度消费；无论面对什么困难，都保持乐观的心态，交靠谱的人，做本分的事……都是些简单的道理，也都是些老掉牙的道理，但做到了会一生受益。"

目 录

第二部分　　**芒格的投资思想**

第一部分 ／

芒格的人生历程 ——

01

Chapter One

第 1 章

芒格的成长

芒格并不是一个富二代，他依靠自己的勤奋
和智慧，克服了生活中的各种苦难，并和巴菲特
一起缔造了投资界的传奇。

1.1 芒格的童年

知识就是力量，

但你必须学会运用它。

——芒格

查理·芒格 1924 年出生于美国内布拉斯加州的奥马哈，他的祖父和父亲早年都曾经是律师，后来他们都成为当地的法官。

20 世纪 20 年代的奥马哈是一个"民族熔炉"，居住在那里的不同种族和信奉不同宗教的人们相安无事，生意上也互有往来，犯罪几乎是很鲜见的事情。该市的居民既不锁家门也不锁车门，人们相互信任。孩子们在温暖的夏夜玩"踢罐子"游戏，在星期六的午后去看最新的"有声电影"，比如《金刚》，那是芒格 8 岁时最爱看的电影。

20 世纪 30 年代是美国经济艰难时期，奥马哈受到大萧条的严重影响。芒格亲眼看到贫苦大众的窘境，有流浪汉在街上游荡、乞讨；也有人愿意清扫车道或者走廊，以便换取一个三明治。这些景象令他终生难忘。

初始的商业入门教育

在美国大萧条时期，为了贴补家用，芒格在 6 岁时每个星期六就在巴菲特祖父的杂货店打杂工。

是的，这里提到的巴菲特就是那个后来和芒格合作、大名鼎鼎的投资界的传奇人物沃伦·巴菲特。

后来芒格回忆说："我认识巴菲特一家人，除了巴菲特。"

那是奥马哈市一家高档杂货店，与芒格家相隔 6 个街区。老板是巴菲特的祖父恩尼斯特，他拥有这家杂货店的部分所有权。恩尼斯特是严格的纪律执行者，他安排手下的年轻工人每天上班 12 个小时，期间既不能进食，也不能休息。

那是一家凭信用交易、提供送货上门服务的商店，恩尼斯特总是坐在底楼和二楼之间的错层楼面，负责发号施令。店里有吱吱作响的木头楼梯、吊扇和顶天立地的木头架子。每当有顾客想从高处拿一个罐头，年轻的店员就会把一部滑动楼梯搬到那里去取。杂货店的男孩把商品分门别类地摆放到架子上面，清理蔬菜展示箱，把商品送到顾客的家中。

年幼的芒格每个星期六都要在杂货店里连续 12 个小时工作，当时美国刚刚强制实行社会安全保障制度，该制度建立的目的是针对人们可能面临的生活困境，力图帮助老年人、低收入阶层、失业者以及孤儿寡母渡过难关。建立社会安全保障制度是罗斯福新政的重要组成部分。

根据当时的社会安全保障制度，店里规定员工每天下班必须先交上 2 美分，支付自己的社会保障金，才能领到 2 美元的报酬。

芒格从 6 岁开始每个星期六打工，一直持续到 17 岁高中毕业去外地读大学。后来芒格把它称为每个星期六的"服役时间"。

多年后，芒格回忆说："巴菲特家的商店为我提供了非常必要的商业入门教育。在那里你必须长时间无差错地干活，这迫使我去寻找更轻松的职业，一旦发现行业内的劣势就雀跃不已。"

热爱读书

芒格的正式教育始于邓迪小学，他的两个妹妹玛丽和卡萝尔也是该校的学生，他们在那里得到了正统的道德教育。老师们记得芒格当年是个聪明的小孩，但芒格有时也表现得有些目中无人。他喜欢用通过阅读各种图书（尤其是传记）所获得的与日俱增的知识来质疑老师和同学的世俗观念。

如今，芒格已想不起来最早接触本杰明·富兰克林的那些格言警句是在什么时候，但那些格言警句让芒格对这位多才多艺的古怪政治家和发明家产生了不可磨灭的崇拜之情。

芒格的双亲阿尔·芒格和弗罗伦斯·芒格夫妇鼓励孩子们阅读，圣诞节他们会给每个孩子送几本书当礼物；那些书通常在当天晚上就会被小芒格狼吞虎咽地看完。

芒格后来说："我在书里自然而然地认识了那些杰出的伟人们，并不是要等到可以查找资料的时候才知道。我都不记得第一次读到本杰明·富兰克林的故事时是几岁，不过我还记得自己七八岁的时候躺在床上看托马斯·杰斐逊的书时的情景。我们全家都热爱读书，并从中学到纪律、知识和自律精神。"

戴维斯医生家是芒格家的世交，两家离得很近，芒格经常去他们家翻阅埃德·戴维斯医生的各种医学期刊。戴维斯是芒格父亲最好的朋友，也是他们的家庭医生。由于早年接触了戴维斯医生的医学藏书，芒格从此养成了终生对科学好奇的习惯。到了 14 岁那年，这个早熟的好学少年也变成了医生的好朋友。

杰出的射击队员

小学和初中时，芒格是班上年纪最小和个子最矮的学生。由于身材实在太矮小，芒格在常规的学校体育项目中毫无竞争力，所以他参加了射击队。他因表现优异获得了杰出代表队员奖，最终还成了队长。

他在那件代表队毛衣襟部上绣了很大的字母，引起许多校友的瞩目，他们很奇怪这个弱不禁风的小家伙怎么能得到杰出代表队员奖。

芒格后来回忆说道："我把这枚勋章别在外套上最显眼的地方，是想引起女孩们的注意。我的确赢得了回头率，不过是因为女孩们都奇怪为什么一个像我这样骨瘦如柴的人会获奖。"

芒格的父亲阿尔·芒格热爱户外活动，喜欢猎野鸭，而且对他儿子神准的枪法感到非常自豪。沃伦·巴菲特说芒格和父亲之间的关系十分亲近，他们之间没有那种很多父子间会有的疏远感或紧张感。

芒格上的是中央高中，那是一所规模非常大的公立学校，高中校舍是前州政府大厦。中央高中被认为是当时全美 25 所顶尖预科学校之一，老师大多数是女性，她们对工作很认真，对学生也很负责。中央高中提供了传统的经典教育课程，芒格的逻辑思维能力很强，又很好学，因此他的学业很出色。

1.2 芒格的青年时期

> 机会的出现不是经常的事,
>
> 所以一旦它降临,就要紧紧抓住。
>
> ——芒格

20 世纪 40 年代初期美国社会出现了骚动和变化,当人们听到来自大洋彼岸战争的消息时,不可回避的担心都变成了事实——美国宣布参与第二次世界大战。

当时的芒格正在密歇根大学读数学,这种平静的学习生涯没有维持多久。1941 年 12 月 7 日,发生了著名的珍珠港事件,轰轰烈烈的战争困扰着很多美国人,芒格也未能幸免,在刚过完 19 岁生日没几天,他就去参军了。

刚刚入伍的时候,在冰天雪地的犹他州,芒格和他的战友在帐篷里聊天,谈到自己的未来,芒格说,"他想要一堆孩子,一幢房子,房子里有很多的书,还有足够的财富可以过上自由的生活。"

幸运的是芒格没有被派往战争的前线,在通过一次考试后,他被派到加利福尼亚的理工学院,进行气象培训,并被分配到空军做了一名气象预报员，由此芒格幸免于残酷的战场，从事着一项至关重要的非战斗性任务。

芒格常自嘲说："芒格家没有笨蛋，但这取决于你如何定义笨蛋。"芒格承认自己的动手能力非常差。军队进行过两项考试，一项是智商测试，一项是动手能力测试，芒格的智商测试分数非常高，而动手能力测试分数则很低。不过芒格说，"这只是验证我一直以来都知道的事情"。

由于远离战事，军队的生涯让芒格磨炼出一门日后非常重要的技术——打牌。打牌的经验锻炼了芒格的投资技巧，芒格说："必须学会的是在形势不利的情况下及早认输，而如果有大牌在手，就要下重注，因为你不常拿到大牌。机会的出现不是经常的事，所以一旦它降临就要紧紧抓住。"

芒格在事后回忆总结道："正确的思考方式就是像泽克豪泽打桥牌时那样。"

泽克豪泽是哈佛大学的教授，也是一位桥牌高手，他指出：桥牌需要在近乎不可知的情况下不断地评估可能性，一局之内，选手需要做数百次决断，还要常常权衡可能的得失。但好的决定也可能造成坏的结果，这既包括自己的决定，也包括搭档的决定，选手对此必须一直保持心平气和。如果想在一个不可知的世界里进行明智的投资，这种坦然接受的能力是必不可少的。

芒格认为，桥牌与投资者之间有很多的共同点。每一手牌都不相同，但过去发生的事情是有意义的。在玩桥牌的时候，掌握概率与统计学是至关重要的，必须测算出牌以及尚未打出的牌；在投资方面，投资者必须推断出每次的出价。此外，如打桥牌一样，投资者如果有一个精通牌技的合作伙伴，自己的人际交往能力也比较强，就会因此而受益。

在预报员学习期间，通过妹妹介绍，芒格认识了活泼漂亮、充满活力、思想活跃的南希·哈金斯。认识不久，他们不顾一切闪电般地结了婚。那年芒格 21 岁，哈金斯 19 岁。

1946 年，芒格向哈佛大学法学院提出入学申请。曾经是哈佛大学法学院的院长——罗斯科·庞德先生与芒格家是世交，在他的帮助下，芒格进入了哈佛大学法学院学习。

芒格曾经形容自己在放肆无理方面有"黑带水平"。他出生于律师之家，一生都像律师那样思考问题，他很有主见，几乎到了傲慢自大的地步。教授叫他站起来答问题，如果他没有准备过，芒格会说："这个案子我还没看，不过如果你给我案件背景，我就能告诉你相关的法律条文。"

芒格在哈佛大学的一位同班同学亨利·格罗斯，后来成了洛杉矶著名的投资顾问。有一次一个熟人说财富让芒格变得骄傲自大起来，他立即为芒格辩护，"胡说八道，我认识他的时候他还很年轻，也很穷，他很穷的时候也是那么目空一切"。

1948 年，芒格在 335 人的毕业班中，以第 12 名——佼佼者之一的优异成绩，从哈佛大学法学院毕业。和他的父亲、爷爷一样，芒格成了一名律师。

1.3 至暗时光

> 改变不了的事，就别太纠结。
> 牢骚满腹、怨天怨地是人生大忌。
>
> ——芒格

1950 年至 1959 年，被认为是美国欣欣向荣的 10 年，而芒格却经历了他人生中黑暗的时光。在和南希的婚姻里，他们突然发现对方与自己竟然有如此大的差异，一个严肃勤奋，另一个自由活泼，他们经常争吵，不过他们很快就达成一致，结束了这段婚姻。

不幸还在继续，离婚后不久，他们就被告知儿子泰迪患有严重的白血病，那时还没有医疗保险，芒格要支付所有的医疗费用，在那个年代患白血病的死亡率是 100%，再也没有什么痛苦能比眼睁睁看着儿子躺在病床上慢慢死去更糟糕的了。失败的婚姻，巨额的医疗费用，失去亲人的巨大痛苦折磨着年轻的芒格。

76 岁的时候，芒格回顾这段至暗岁月时说道："时间的流逝带走了痛失爱子的痛楚，如果不是时间带走了悲伤，我简直不知道该如何活下去。"

芒格坚信，在应对泰迪之死这件事上，他所做的是尽可能保持理性。

芒格说道："你永远都不应该在面对一些难以置信的悲剧时，因为自己失去信念让一个悲剧演变成两个悲剧甚至三个悲剧。"

关于这次离婚，有了生活经验的芒格对于此事也有了一个成熟的看法，芒格说道："一旦我吸取了教训，就不会花很多的时间后悔过去所做的事情。我不会跟过去纠缠不休。毫无疑问，32 岁的我会比 22 岁更懂事，但我不会有任何非常懊悔的感觉。虽然我们分手了，但婚姻为我们留下了好孩子。我想我的前妻在一个不同的环境中会更加快乐。"

再次结婚

离婚后，芒格并没有一蹶不振，即使是开着一辆喷着几毛钱油漆的破铜烂铁车，濒临破产，芒格依然饶有兴味、绘声绘色地和别人谈论着他的未来生活计划。

他把全部的悲伤和热情，都倾注在这些计划和未来上。

离婚后不久，1955 年，在法律界同仁的介绍下，芒格认识了一位年轻离异的女士，名叫南希·巴里·博斯韦克，和第一任妻子同名，也叫南希。她带着两个孩子。

第二任妻子南希仿佛有一种魔力，能快速拉近两个人的距离，这能弥补芒格性格上的缺点。芒格和前妻的女儿莫莉回忆道："他就像结结巴巴、心不在焉的教授，行事冲动。南希很冷静，稳重，工作努力，非常节约，喜欢通过抓住要点把事情办好。她是家里的首席财务官，而他则有一种魅力，令她爱慕，觉得他是世界上最可爱的人。"

芒格在第一次婚姻中育有 2 个女孩，南希有 2 个男孩。芒格和南希结婚 10 个月后，有了第一个小孩子，大约每三年，就会有一个孩子出生，这样他们又有了 3 个儿子和 1 个女儿。最终，他们一共育有 8 个孩子。他对每个孩子都一视同仁，不会偏向哪个孩子，也从不区分亲生孩子和养子、养女，而是一并称他们为他的 8 个孩子。为了 8 个孩子，妻子南希起早摸黑操劳家务，芒格以近乎疯狂的精力，不知疲倦地、起早贪黑地工作。

芒格和南希再婚的时候，就好像是将他从黑暗无边的地方解救到了光明世界，生命再度充满了各种新的可能。芒格在生活的方方面面都因为南希而变得更好。

南希包揽了所有家务，给了芒格难以置信的宽松空间去专注于自己的事业。南希不但是贤内助，还是芒格的智囊团，芒格经常和她讨论自己的想法。

巴菲特这样评价南希：任何关于芒格的讨论，如果不提到他的妻子南希，不提到她给予的积极帮助和影响，都是不完整的讨论。如果没有南希的帮助，芒格所取得的成就将远远不如今天。她让芒格能够始终胸怀自己所坚信的理想和信念。芒格为这个世界做出了巨大的贡献，这些功劳不仅属于他，也属于他的妻子。

1.4 人生的第一个一百万

> 在我不感兴趣的领域，我从未获得过太大的成
> 功。如果你无论如何都不能对某些事情感兴趣，
> 那么即使你非常聪明，也难以获得很大的成功。
>
> ——芒格

伴随着家庭生活的稳定，芒格在律师事务所的事业也在稳步前进。

最早，芒格主要在缪齐克、皮勒和加勒特律师事务所从事法律业务，用自己的所学力求上进。

芒格当律师的时候学到了许多经商之道，他参与过万国收割机公司的资产交易和20世纪福克斯的业务。他总能看清现实，如果发现问题绝不会坐视不理。

芒格感觉到从事法律业务的问题在于，最喜欢与他共事的那些人通常不会有很多麻烦，而最需要他的人总是性格有问题。最重要的是，在20世纪五六十年代，投身法律并不一定会致富。

失败的创业经历

芒格通过做律师逐渐存了些钱，开始投资证券并加盟了朋友们和客

户们的生意，其中有些经历是惨痛的，这让他学会了吃一堑长一智。

芒格的第一位经商上的合作伙伴来自他在律师事务所的一个客户——埃德·霍斯金斯，他们共同投资了一家生产变压器的制造公司，生产为军用火箭之类的设备设计的高度定制的变压器。

在战争期间，他们生产的变压器不愁销路，一度呈现出供不应求的局面，这使其他军工厂看到了商机，快速扩张，并推出了新的技术。

新技术的快速更迭加上公司管理的不可控，战争结束后这门生意就不好做了，霍斯金斯和芒格的财政非常紧张。在财务主管哈里·博特尔的帮助下，他们最终决定剔除所有不能赚钱的项目，最后只剩下变压器业务并把规模缩小成为一家小型公司。

芒格后来回忆道："当时心里挣扎万分，很痛苦。我们几乎失去了所有，最终我们还是成功了，虽然算不上是一鸣惊人，但我们最终的投资回报率还是相当可观的。"

经过这件事情后芒格再也没有涉足过高科技行业，后来他回忆说："这段创业经历于我而言，就像马克·吐温的猫在被火炉烫伤一次以后再也不愿意坐到火炉上，哪怕火炉已经冷却也不愿意坐到火炉上。"

这段创业经历让芒格学会了如何界定优良企业。芒格后来总结道："好企业和差企业之间的区别在于，在好企业里你会做出一个接一个的轻松决定，而在差企业里做出的决定则是痛苦万分的。"

开发房地产，完成原始积累

正直、善良和认真的工作态度，使得芒格在律师事务所中赢得越来越多客户的信任。其中就有奥蒂斯·布斯，他的妻子道迪就是芒格夫妇介绍认识的，他们两对夫妻也是对方同一年出生孩子的教父、教母。

1961 年，芒格帮忙处理布斯父亲留下的遗嘱，其中有一块空地，位于加州理工学院对面的街区一角，按原计划布斯是要把这块地卖掉。而当时芒格敏锐洞察到其中的潜在价值，果断劝说布斯保留这块地，开发楼盘，建公寓出售。

芒格对布斯说，"你自己建造一片公寓吧，你不该把这两幢占据整个街区尽头的房子拱手相让。你把它们买下来，拆掉，重新规划，重新建造，然后销售自住式的公寓。"

布斯认为这确实是个好主意，并劝说芒格也投资进来，于是两人各出资一半共同投资建公寓。那时大量乡村人口涌入城市生活，就像中国今天的城市化一样。这也是芒格力劝布斯保留这块地开发公寓的原因。

这片房子于 1967 年竣工，虽然项目进展相当缓慢，但最后的利润相当可观——400%！他们投入了 10 万美元而收回了 50 万美元。

1967 年加州理工学院公寓售罄后，芒格和布斯接着开始在帕萨迪纳一条宽阔的橘子林大街进行开发。在这个项目上，他们吸取了加州理工学院公寓项目的经验和教训，赚得更多也更快。

芒格和布斯注意到第一个项目中低楼层的公寓很快售完，但是楼上的单元却卖得极其缓慢。他们决定下一个项目造平房，标价也和低密度土地使用率相对应，虽然价格很高，单层的平房还是很快就卖完了。

布斯和芒格共同完成了两个项目后，芒格开始了第三个项目，布斯没有参与。

芒格和他的新搭档在阿罕布拉的两块地皮上建造了 442 幢单层自住式公寓，这是芒格参与的项目中最便宜的一个，每个单元售价两万美元左右。公寓又一次大卖。到这个时候，芒格觉得自己已经知道客户想要什么了，他和建造商在设计和施工细节上绝不偷工减料。项目施工完成后，他们还要保证绿化设计让客户满意。

芒格说道："郁郁葱葱的绿化才是卖点所在。你在树木上花的钱，回报会达到 3 倍。在绿化上省钱的建筑商绝对在玩忽职守。"

虽然芒格的房地产投资有着这样或那样的问题，但是相对来说都是些小问题。自住式公寓从来没有任何法律诉讼或者要长期跟进的问题。一旦售出，财务交割完毕，整个项目就结束，和他没有关系了。

在最后一个项目中，芒格把一部分单元放在一条主路边上。那块地实际上属于阿罕布拉境内，不过离高档住宅区很近，看起来就是一个令人向往的住所。房子又很快就卖完了。

在开发楼盘的过程中，芒格还发现自己有建筑师的天分。他的洞察力和热情可以转化为耐用舒适的空间设计。芒格喜欢做开发和建造房子，不过他担心自己如果要做成功的建筑商，对于借贷的依赖程度会越来越严重，因此芒格退出了房地产行业。

芒格解释自己退出房地产行业的原因时说："我总共做了 5 个项目就不做了，因为我不喜欢总是借钱，而且开发房地产都有很多复杂细节的事情，就算全身心投入也很难解决。"

芒格做了 5 个房地产项目，一共赚了 140 万美元，他因此拥有了足够的资金，为进入投资领域做好了准备。

1.5 遇到巴菲特，开启投资传奇

> 找到比自己优秀的伙伴，
> 这是多少钱都买不来的。
>
> ——芒格

芒格和巴菲特都生活在奥马哈，他们的家庭仅仅隔了几个街区，虽然相隔非常近，但是因为不同的生活环境和年龄的差距，他们有着各自的社交圈。即便如此，相似的价值观、共同的志趣，还是使他们走到了一起。

1959年，芒格在艾德·豪斯肯斯于奥马哈举办的宴会上结识沃伦·巴菲特。两人一见如故并惺惺相惜。

巴菲特遇见芒格的时候才29岁，但他已经在投资方面很有经验了。他从小就听做股票经纪人的爸爸讲投资的事，投资是他从小就迷恋的事情。在内布拉斯加州立大学念书的时候，巴菲特读到一本书，是本杰明·格雷厄姆写的《聪明的投资者》，这为他指明了前进的方向。巴菲特于1950年考取了哥伦比亚大学商学院的研究生，格雷厄姆在那里授课。

巴菲特后来在格雷厄姆的纽约投资公司里短时间工作了一阵。格雷厄姆退休后，巴菲特在奥马哈设立了自己的投资公司，他的第一批客户都是那些已经知道他有多么聪明的亲戚，还有一些是格雷厄姆以前的投资人，他们觉得巴菲特就是下一个格雷厄姆。

芒格与巴菲特相遇后，二人在最初的合作中并非如闪电般一拍即合。接下来的 4 年，芒格先后尝试了参与投资咨询公司并成为律师事务所的合伙人。在此期间，通过开发房地产服务项目，他赚到了人生首个 100 多万美元。巴菲特于 1962 年开始买入伯克希尔公司的股票，当时伯克希尔公司还是位于马萨诸塞州的一个纺织厂。

1965 年芒格告别了法律工作，他解释自己离开律师行业的原因时说，"律师的工作无非就是你绞尽脑汁解决了所有的问题，满足了最挑剔的客户，所得的回报只不过是在下一个挑剔的客户面前将头痛的经历再经历一遍。还有一个重要的原因是：赚的钱不够多。"在芒格的眼里，律师虽然是最赚钱的职业之一，但仍然不能和投资相提并论。

1967 年芒格开始正式书写自己与巴菲特的合作传奇，这对黄金搭档携手创造了伯克希尔有史以来一系列优秀的投资纪录，他们并购蓝筹印花公司、投资喜诗糖果、投资《华盛顿邮报》、成立维斯科金融保险公司、买入美联航以及 GEICO 保险、参与所罗门兄弟公司与旅行者集团重组、大举建仓可口可乐，以及入股比亚迪等重磅投资事件。

从喜诗糖果开始，芒格就一再劝说巴菲特购买优质的资产，而巴菲特从投资喜诗糖果后开始改变了买便宜货的投资习惯。

芒格推动了巴菲特对可口可乐进行投资，1988 年，伯克希尔开始买入可口可乐的股票，6 个月中就买到了公司 7% 的股票。以每股均价 5.46 美元计算，总投资额为 10.2 亿美元。

巴菲特说："在投资可口可乐的过程中，芒格起了非常重要的作用，这与芒格如何经营自己的人生是一致的。他不追求快速致富，而是寻求长期的成功。"

当然芒格和巴菲特的投资也不总是一帆风顺的。

1976 年，证券交易委员会（SEC）因为怀疑关联交易，开展对蓝筹印花公司、维斯科金融保险公司及伯克希尔公司之间的关系调查，巴菲特与芒格接受调查并执行相关处理。

伯克希尔公司的市值以年均 24% 的增速突飞猛进，尽管期间经历了次贷风暴的严峻考验——美国运通和富国银行股价暴跌曾严重拖累伯克希尔。

芒格和巴菲特经常互通电话彻夜分析商讨投资机会，芒格把商业法律的视角带到了投资这一金融领域，他懂得商业内在规律，能快速地分析和评估任何一项交易。

巴菲特这样评价芒格："芒格提升了我考虑问题的层次，我们能在任何层面上进行交谈，我们不仅是智力上的交流，还能获得互补的想法。他能在 60 秒内看到所有可能的缺陷，他是一个完美的合伙人，也比我更擅长说'不'。"

芒格认为："一个理想的合伙人应该有独立工作的能力，你可以做一个主导合伙人、从属合伙人或者做地位相同的合伙人，这三种合伙人我都做过。人们不相信我会忽然变成巴菲特的从属合伙人。我并没有特别放不下的自尊，总有人在某些方面比你厉害。要做领导者，你就要先学会跟随别人。人应该学会扮演所有的角色，在不同人面前你可以有不同的身份。"

从 1965 年到 2019 年，伯克希尔公司的年均复合增长率高达 20.3%，明显超过标普 500 指数的 10%。目前市值已经接近 5000 亿美元，拥有并运营超过 65 家企业。

1.6 酷爱阅读

> 在我这漫长的一生中，没有什么比持续学
> 习对我帮助更大，而我能够持续学习，是
> 因为我幸运地很早就学会了学习的方法。
>
> ——芒格

芒格曾说："在我的一生中，我所知道的智者，没有一个不是在无时无刻地学习的。当你知道巴菲特和我的阅读量的时候，你肯定会感到震惊。我的孩子们嘲笑我，他们认为我其实就是长了两条腿的一本书。"

芒格总是如饥似渴地阅读。小时候，芒格天天泡在奥马哈的公共图书馆，他在那里博览群书，并从书中认识了古今最优秀的知识分子；自8岁起，有关杰斐逊和富兰克林的书籍就一直被收纳在他床上方的书架之上，正是这种阅读量让芒格持续保持领先。

保持海量阅读的习惯贯穿了芒格的整个人生。在芒格的中青年时期，他几乎经历了一个人所能经历的所有苦难和不幸，不仅仅是婚姻变故、丧子之痛，在他迎来事业重大转折时期，疾病成为不速之客。

1978年，芒格成为伯克希尔副主席之际，他的眼病加速发展。1980年，由于失败的白内障手术，以及接下来的并发症，芒格的左眼失去了视力。

虽然一只眼失明，芒格仍然可以开车，他不仅学会了如何通过估算在后视镜中看到的车辆的情况顺利切入左道，还知道了跟着哪辆车行驶会产生空档。他开着一辆马力强劲的雷克萨斯，这样就能让他快速行动。

2010 年，与芒格相濡以沫 50 年的太太南希不幸病逝。随后一次意外事故又导致芒格仅存的右眼丧失了大部分的视力。一段时间芒格几乎双目失明，对于一个热爱阅读的人来说，失去视力绝对是一件令人沮丧的事情。

芒格一如既往地保持理性，不沮丧不抱怨，他平静地接受了现实，并积极地寻求应对方法。他开始学习盲文，并尝试阅读盲文书。后来他的右眼恢复了 70% 的视力，便不用通过借助盲文来进行阅读。

当视力不再成为芒格读书的障碍时，他一如既往地、如饥似渴地读书，他房间的椅子上、床上到处都堆满了书，他的阅读涉猎广泛，有商业类、传记类、历史类、科技类、心理学类等书，总体而言都是以事实为基础的类别。

巴菲特这样评价芒格："芒格非常喜欢看书，尤其是喜欢阅读一些传记，因此他的思维跨度要比我宽广得多。每年他都会消化掉几百本人物传记，那种超群的过目不忘的本领是我望尘莫及的。"

同样巴菲特也热爱阅读，芒格说："巴菲特是这个地球上最卓越的学习机器之一。65 岁后，巴菲特的投资技能显著提高。纵观他的整个投资生涯，我可以告诉大家，如果巴菲特停留在早期的知识层面上，那么他就不可能获得现在这样辉煌的成就。"

由于坚持不断学习、总结经验，善于抓住各种机会，芒格顺利地从一名受人尊敬的律师转型为世界闻名的投资者，他的财富让他获得了从小就渴望的独立能力。

Chapter Two

第 2 章

巴菲特眼中的芒格

　　芒格的著名搭档——股神巴菲特是如何评价芒格的呢？毫无疑问，在巴菲特眼中，芒格对于他的重要性非同凡响，是他重要的商业伙伴，也是他投资路上的领路人之一。

2.1 提升巴菲特的认知层次

> 芒格能识别出哪一家企业是最好的企业，
> 能判断出哪一项生意是最棒的生意，也能
> 够看出哪家企业可以创造巨大的价值。
>
> ——巴菲特

巴菲特曾坦言："芒格把我推向了另一个方向，而不是像格雷厄姆那样只建议购买便宜货。这是他思想的力量，他拓展了我的视野，让我以非同寻常的速度从猩猩进化到人类，否则我会比现在贫穷得多。"

芒格也承认和巴菲特有共同的价值取向。芒格说："我们都讨厌那种不假思索的承诺，我们需要时间坐下来认真思考，阅读相关资料，这一点与这个行当中的大多数人不同。我们喜欢这种'怪僻'，事实上它带来了可观的回报。"

纵观巴菲特的投资历程，我们可以看到芒格对巴菲特投资思想的巨大影响。

在巴菲特的投资历程中（1949—1971 年），他奉行的是格雷厄姆的价值投资法。

格雷厄姆是在 1929 年以后开创了价值投资理论。1929 年前的美国股市盛行投机行为，1933 年大量企业破产，投资人的资金受到了损失，所谓一朝被蛇咬十年怕井绳，此后所有投资者都开始关注价值投资，他们在思考：为什么可口可乐活下来了，而其他企业却没有活下来。

1934 年格雷厄姆和多德合著《证券分析》一书，成为证券分析的开山始祖，另著有《聪明的投资者》一书，被投资者奉为价值投资的实操手册。

格雷厄姆把成本低廉的投资对象称为"雪茄屁股"，这些企业的股票价格低廉，等到被榨干最后一丝利润便会被抛弃，算得上是获取短期利润的最佳选择。

1963 年到 1965 年，巴菲特以伯克希尔最大股东的身份接管该公司。渐渐地，他发现了格雷厄姆的价值投资理论的局限性：廉价股带来的溢价总是有限的，而且随着股市的不断上涨，廉价股越来越难觅踪影了。

巴菲特试图寻找新的投资方法，但是仍旧很难摆脱格雷厄姆的理论束缚，巴菲特一直在关注价值实现问题，而格雷厄姆"抛开本质唯廉价是举地购买任何公司"的观点对巴菲特形成了一种思维局限。

在巴菲特下一个投资阶段（1972—1989 年），受芒格的投资思想的影响，巴菲特看到了不同于格雷厄姆的新的价值投资体系。

巴菲特背后的智囊

在伯克希尔的投资活动中，芒格成了巴菲特背后的智囊，很多投资方案最初都是出自芒格之手，收购喜诗糖果就是巴菲特接受芒格投资策略获得巨大成功的一个著名的案例。

1972 年，芒格和巴菲特购买了喜诗糖果公司。

喜诗糖果公司成立于 1921 年，由一位加拿大糖果商创建，其产品采用上等原料，经过精细加工而成，即使在原料不足的二战时期也未曾偷工减料，因此在加利福尼亚享有无与伦比的声誉，具有很高的品牌知名度。

喜诗糖果由兄弟两人共同拥有，兄长为拉里，弟弟为哈里。公司由拉里打理，而弟弟哈里只对葡萄酒和女人感兴趣，是个典型的花花公子。1972 年拉里去世后，哈里无心经营，决定将公司出售。

喜诗糖果在 1972 年的销售额为 3133 万美元，净利润是 208 万美元，净资产约 800 万美元，哈里将公司定价 3000 万美元出售。

芒格觉得喜诗糖果具有非常好的生意模式，但巴菲特受格雷厄姆的影响深刻，觉得以 15 倍市盈率、高于净资产 2 倍的价格买一家公司简直不划算。巴菲特给出购买价格的上限是 2500 万美元，幸运的是哈里最终接受了这个价格。

在这里有必要解释市盈率的含义。市盈率是指股票交易中的每股市场价与每股收益的比值，可以用此衡量出股价的高低和企业盈利能力。

从 1972 年至 1983 年，喜诗糖果年均单价增长率是 10.3%，年均销量增长率为 3.5%，年均销售额增长率是为 14.2%，年均利润增长率为 5.5%，年均净利润增长率为 20.7%。

从 1972 年至 2007 年，喜诗糖果共为伯克希尔公司贡献了 13.5 亿美元的税前利润，只消耗了 3200 万美元用来补充公司的营运资金。后来芒格和巴菲特都认为喜诗糖果是伯克希尔公司如梦幻般最伟大的投资之一。

伯克希尔公司还有一个比较有名的案例是对中国新能源车企比亚迪的投资。

2008 年年初，芒格的合作伙伴李录向芒格推荐比亚迪公司，芒格对比亚迪做了深度的研究，感觉比亚迪是很有未来前景的公司。

芒格向巴菲特极力推荐了王传福，称赞他是爱迪生和韦尔奇的结合体，既懂技术，也懂管理。

2008 年 9 月 26 日，巴菲特以 2.3 亿美元入股比亚迪，获得比亚迪10% 的股权。这在当时一片混乱的全球金融市场之中格外引人注目。

巴菲特事后接受采访时如此说道："在接到芒格建议我买入比亚迪的电话后，我没有立即行动，因为当时我并不觉得这是一个好的投资项目，但芒格却一连打了三个电话过来，我体会到他的重视程度，我当然会相信他，所以我就投了。"

有媒体问芒格为何如此坚定地选择比亚迪，芒格回答说："其实，亚洲企业大多存在一个共同点——裙带关系，但是比亚迪没有这个问题；王传福没有像其他企业那样去公开募股，而是选择把股票分给自己的员工们，他对企业非常认真，他十分希望自己的员工得到提升，这对于企业家来说是难能可贵的。相对于家族企业，这样的管理体系看起来要好多了。"

2010 年，比亚迪在发展中遭遇重创，汽车销量出现了连续 5 个月的环比下滑的情况。针对市场情况，年预计销量下调 20 万辆。雪上加霜的是，比亚迪在渠道中出现了扩张速度过快的问题。

在这些因素的冲击下，比亚迪的股价出现了相应的波动。这令业内人士十分不安。这时，从美国传来巴菲特专门因此来华的消息。很多人猜想，巴菲特来华后，比亚迪的金主——伯克希尔将做出抛售比亚迪股份的决定。

2010 年 9 月，芒格和巴菲特来华，4 天时间他们走访了北京、深圳、长沙等地，所有的行程都与比亚迪有关，他们出现在媒体面前，所穿的服装也都印着比亚迪的标志。很明显，芒格和巴菲特此次造访是给比亚迪助威。

巴菲特与芒格出席了比亚迪销量突破 100 万辆的庆功会，同时为比亚迪 M6 发布仪式助阵，也见证了长沙 K9 电动车下线，在一系列相关场合，巴菲特一直在发表着赞美比亚迪的言辞。由于巴菲特和伯克希尔的名人效应，比亚迪的股价迅速做出了反应，在芒格和巴菲特来华的第一天，比亚迪的股价就出现了明显的攀升，上涨了 4.25%。

在交流会上，记者提问芒格，会不会选择抛售比亚迪的股票，芒格非常明确地回答："抛售比亚迪？我想这不是我的风格，比亚迪是芒格家族的一员，我想我会带着它进坟墓。"

芒格的回答坚决中透着幽默，他之所以看重比亚迪除了看好其经营模式，还有一个重要的原因是看好新能源，芒格曾经表示过美国经济的振兴就需要新能源的力量。就在这一年的 9 月，美国洛杉矶水电局与比亚迪签订了可再生储能电网项目的合作计划，这也从一个侧面印证了芒格投资的前瞻性。

在巴菲特的眼里，芒格每当看到一个优秀的经营模式都会特别兴奋。巴菲特这样评价芒格："是芒格让我明确了自己的身份。我不仅是一个投资人，还是一个经营者。在投资活动中，他总是能够在投资人和经营者之间自由转换，他能识别出哪一家企业是最好的企业，能判断出哪一项生意是最棒的生意，也能够看出哪家企业可以创造巨大的价值。因此，伯克希尔很多成功的投资活动都是来源于他的决策，对此我非常感激和欣慰。"

　　20 世纪 90 年代之后，全球所有的企业都在迅速发展，投资者变得更加精明和理性，这无形给伯克希尔带来更大的压力。

　　芒格对伯克希尔的境况做出了较为准确的分析：

　　首先，伯克希尔的规模正在逐渐扩大，这也意味着他们必须去寻求那些更具有竞争力的领域，但是很显然，这样的领域不多。其次，对于普通投资者来说，面对当下的经济环境，也会与以往的想法不同。总之，伯克希尔的钱多了，但相应的投资机会却少了。

　　明确了问题之后，芒格便有针对性地承担起了伯克希尔"参谋"的角色，促使巴菲特的投资思想和理念不断丰富与完善。

　　巴菲特曾说道："芒格把我的铁轨掰向了另一个方向，此后我的投资活动便和'便宜货'说再见了。这全是芒格的思想的力量，在他的身边，我看到了更多的风景。于是，我以非常快的速度从一只猩猩进化到了人类，也获得了原本不曾拥有的财富。"

2.2 眼睛与耳朵

> 芒格非常喜欢看书，尤其是喜欢阅读一些
> 传记，因此他的思维跨度要比我宽广得多。
>
> ——巴菲特

在一次在伯克希尔的股东大会上，巴菲特与芒格坐在一起，巴菲特讲了一个笑话，"我和芒格总是离得很近，就像现在一样。很多人提到我们其中的一个，都会立即想起另外一个。久而久之，这产生了一个问题——大家开始分不清我和芒格了。其实，这很简单：听得见的是芒格，看得见的是我"。这份幽默使会议的气氛顿时轻松起来。

巴菲特看似是调侃，实则道出了芒格严重的视力问题。

早在1978年，芒格54岁那年，他的左眼不幸患上了急性白内障，需要进行手术。当时，此类手术技术已经提升了一个台阶，新型手术技术已经开始推广，其术后并发症被控制在2%以下，但芒格没有选择新型的手术技术，而是决定采用老式手术技术，老式手术并发症的危险达到了5%。

手术以后，芒格不幸成了后遗症的受害者，一些眼外细胞流入眼内，

侵占了眼内空间，他的眼压开始升高，最终不堪重负，视神经因此受损，这种现象在新型手术中是不会出现的。

此后，芒格陷入了巨大的痛苦之中。两年后又不得不接受了左眼眼球摘除手术，戴上了一颗玻璃眼球。摘除眼球手术同样给芒格带来了难以想象的痛苦，每日眼睛都会疼痛并且伴随着整日作呕，就连站立都显得有些吃力。

俗话说"祸不单行"，当芒格的左眼饱受侵害的同时，白内障向他的右眼也发起了进攻。因为只剩下一颗眼球，芒格此次采取了保守治疗——他戴上一副厚厚的白内障眼镜，这为他保存了一定的视力，但这令嗜书如命的芒格感到十分不便，即使如此，芒格仍然在坚持阅读。

客观地讲，芒格与巴菲特各具天赋，即使单打独斗，他们也能获得大量的财富，但是每个人都会有自身性格或能力方面的"瓶颈"，因此，两个相得益彰的人如果共同发展，往往要比独自发展获得更大的成功。

芒格与巴菲特都深谙此事，因此在长达 40 年的跨度中，两个人始终保持着合伙关系，就像比尔·盖茨与保罗·艾伦一样，两个人之间总是存在一种无形的协同关系。

巴菲特与芒格总是互相信任，在投资决策上彼此互补。巴菲特熟悉商业和财务领域，但是他没有受过法律方面的专门训练，而芒格曾经是一位资深律师，他有着巴菲特欠缺的法律经验，不过他在投资方面还要向巴菲特学习，这两个互补的人并肩站在了一起，成为能够在股市叱咤风云的力量。

有一名股东曾经问巴菲特他是如何度过一天的，巴菲特说他大部分时间都在阅读或者打电话。那么芒格都在做些什么呢？

芒格用了一个小故事来描述他在伯克希尔做些什么。

芒格说："我在第二次世界大战时期的一个朋友，他们的小组没有什么事情可干，一名将军有一次去找这位朋友的上司——格洛兹将军。他说：'格洛兹将军，你在干什么？'格洛兹将军回答说：'什么事情都没有干。'这名将军很生气，转过身去问我的朋友'你在干什么？'我的朋友说，'我是负责帮助格洛兹将军的。'这是形容我在伯克希尔是做什么的最佳方式。"

这个故事风趣地阐述了巴菲特和芒格在伯克希尔的分工与协作，巴菲特就像故事中"什么都没干的格洛兹将军"，芒格则像故事中"负责帮助格洛兹将军的人"，虽然有些夸大其词，却形象地描述了两个人的工作状态。

比起芒格的晦涩难懂的表达，巴菲特对于两个人的分工协作关系表达得更为简单易懂，巴菲特说："我是芒格的眼睛，芒格是我的耳朵。"

在会议发言或公共场合讲话的时候，巴菲特的语言通常是非常容易理解的，他总是用通俗易懂的语言表达自己的观念；而芒格不一样，他总是习惯将简单的问题复杂化，不管多简单的问题，他总能在复杂分析的基础上"多嘴多舌"。

2.3 热心公益的怪老头

> 我的投资生涯乐趣不断，如果没有和芒格搭档的话将会大为失色。正是因为他对我们的教导，伯克希尔才得以成为一家更有价值而且受人尊敬的公司。
>
> ——巴菲特

芒格的个性有些我行我素，在很多情况下都不拘小节，在巴菲特的眼中，芒格的有些行为古怪而有趣，他习惯地称芒格为"怪老头"。因为有时候他也不知道这位老搭档的脑子里到底是怎么想的。

巴菲特曾用这样一件事来描述芒格的古怪，有一次，巴菲特与芒格在曼哈顿的街道上散步，二人正在讨论一个投资项目。走着走着巴菲特忽然发现，周围的人好像在奇怪地看着自己，他一转身发现芒格不见了！自己一个人在自言自语地走着！原来，芒格突然想起自己需要去赶一班飞机，于是就走了，连招呼都不打一声。巴菲特得知后哭笑不得。

芒格在日常生活中不善言辞，但是一旦到了在公开场合发言的时候，他就变得滔滔不绝，他的谈话内容经常过于天马行空，有时候会影响会议的进程。

在巴菲特多数的传记上都记录着这样一件轶事，有一次，芒格与好友马歇尔一同参加一个晚宴，在整个晚宴当中，芒格都在用他那洪亮的嗓音高谈阔论，令人头疼的是，他的言论颠三倒四，毫无章法，听者个个苦不堪言。在不得已的情况下，晚宴的主人找到马歇尔说道："马歇尔先生，能拜托你让芒格歇一会儿吗？"

巴菲特曾说："每当芒格决定要发表长篇大论的时候，身边的人都会很头痛，因为他总是说得又多又快，而旁人却一句话也插不上。我只能不厌其烦地提醒他。最后，芒格终于形成了条件反射：当他在会议上发言的时候，只要我一碰他，他就会立即闭嘴。

虽然芒格有时候会喋喋不休，但他在伯克希尔大多数的股东大会上惜字如金。股东大会上通常是巴菲特侃侃而谈，他静静地坐在一旁，巴菲特说完后总会侧过头来问"芒格，有什么需要补充吗"，芒格面无表情地回答："哦，我没有什么需要补充的"。

有一年股东大会，芒格没到场，巴菲特用芒格的照片做了个纸片人，巴菲特发言完毕后就问纸片人："芒格有什么需要补充的吗"，然后播放芒格的录音："我没什么好补充的"。

2004年，在伯克希尔的年度大会上，一位年轻的股东向巴菲特请教成功的方法。巴菲特谈了谈自己的看法，而芒格则插话说："不要吸毒，不要乱穿马路，也不要染上艾滋病。"对于这种插话行为和有些"不着边际"的表述，很多人不理解，认为这是他的幽默。实际上，这从侧面反映出芒格规避错误的特殊行为方式。

热心公益

芒格和巴菲特及其老师格雷厄姆一样，都以本杰明·富兰克林为偶像。富兰克林是美国 19 世纪最优秀的作家、投资家、科学家、外交家，还对教育及公益事业做出了杰出贡献。

在芒格眼中，富兰克林是美国最优秀的商人、科学家、投资家与外交家。与此同时，他还为美国的福利事业做出了突出的贡献。富兰克林将大部分的时间都投入社会活动当中。

通过富兰克林的人生经历，芒格悟出了一个道理——一个人若想为人类谋福，首先应该变得富有。当然，这只是一部分，最重要的是要成为一个有用的人。

芒格也像富兰克林一样，积极参与社会活动。

1972 年，一项诉讼引起了芒格的注意，在这项诉讼中，被告名叫里昂·贝鲁斯，是一名医生，他的罪名是将一位堕胎医生介绍给一位妇女。当时的美国法律有宣扬尊重生命的传统，堕胎是不合法的。

看到这个案件后，芒格表现出足够的关注，经过思考，芒格选择支持里昂·贝鲁斯医生。芒格这样解释："在美国，堕胎是不合法的，支持堕胎合法化对我来说实际是非常困难的，很多时候，我的情感并不支持我这样做，我同样很尊重生命。但是，我也要站在宏观的角度上考虑，全球人口增速过快是一个非常棘手的问题；再者，很多孩子并不是依照妇女的意愿而出现的，我们应该尊重妇女的意愿，让她们能够决定孩子的去留。因此，我需要压制住我的一些天性，从而更加理智地去做这件事。"

然后，芒格开始有条不紊地行动起来，他说服巴菲特也参与进来，对于社会问题，巴菲特一贯持积极参与的态度。芒格与巴菲特开始为贝鲁斯案件支付辩护律师的费用，芒格还与自己的律师合伙人以律师的身份介入案件。

巴菲特表示："芒格全身心地投入到案件之中，他做出了巨大的努力。"在芒格和巴菲特以及有关人士的努力下，新的社会思潮席卷了美国。1973年，贝鲁斯案件得到了最终的判决：妇女拥有决定是否生育子女的基本权利。

赢得官司后，芒格并没有停下自己的脚步，他化身洛杉矶计划生育组织的信托人兼首席执行官，这个组织的主要业务是提供计划生育服务，也是会给妇女介绍能够做流产手术的诊所。

2.4 偶像富兰克林

> 在生活中与那些有杰出思想的已逝
> 的伟人成为朋友，你会过上更好的
> 生活，得到更好的教育。这种方法
> 比简单地给出一些基本概念好得多。
>
> ——芒格

芒格奉富兰克林为精神偶像，并受他影响至深，芒格既是富兰克林的追随者，也是富兰克林精神严苛的执行者。

富兰克林出生在一个并不富裕的家庭，仅仅靠自己不屈的奋斗在各个领域获得了成功。在富兰克林的一生中，他曾做过编辑、作家、立法者、科学家、发明家（发明了富式炉和远近两用眼镜）、外交官、独立战争英雄。

为了让自己过上好日子，富兰克林在很小的时候就离开家庭谋生，在颠沛流离的岁月里，他的学习从未间断过，他从伙食费中省下钱来买书。同时，利用工作之便，他结识了几家书店的学徒，将书店的书在晚间偷偷地借来，通宵达旦地阅读。富兰克林阅读的范围很广，从自然科学、技术方面的通俗读物到著名科学家的论文以及名作家的作品都是他阅读的范围。

受富兰克林的影响，芒格也酷爱阅读，对于阅读这件事他达到了近乎狂热的程度。芒格说："我一周读二十本书，每年会读几百本人物传记，什么类型的书都看。我读了许多传记，还有一些历史方面的书籍，我几乎不读小说。"

富兰克林曾以穷理查为笔名，在1733年到1758年间出版了他的《穷查理年鉴》。这本书的内容丰富多彩，不仅包括了富兰克林的很多著名名言，还有日历、天气预报、天文信息、占星资料等。

富兰克林的著作《穷理查年鉴》风靡一时，芒格整日到处宣扬《穷理查年鉴》当中的句子，以及给别人讲富兰克林的事迹。

巴菲特说："芒格超乎严格地执行富兰克林的精神，富兰克林建议做的，到芒格这儿会变成必须做到。如果富兰克林建议节省几分钱，芒格会要求节省几块钱。如果富兰克林说要及时，芒格会说要提前。"

芒格的好友古瑞安在一次采访中说道："芒格曾经因为崇拜本杰明·富兰克林，想要塑造富兰克林的雕像，在基座上刻上他的名言。我表示反对，我希望芒格做一些更加有意义的事情，芒格当场答应了。但是富兰克林的雕像还是被塑出来了，而且塑了20多个，芒格兴奋地给自己留了一个，剩下的送给了我和其他人，这令我哭笑不得。"

富兰克林对芒格的影响是是由内而外、贯穿一生的。很多时候芒格以道德检察官自居，承认其品质大多来自于富兰克林，他一直践行着富兰克林所提倡的节俭、负责、勤奋、好学、理性等美好品质。

2.5 芒格的财富观

> 在成为领先者之前，成功在于发展你自己。
>
> 当你成为领先者，成功在于帮助其他人发展。
>
> ——芒格

巴菲特与芒格的家庭都没有给他们留下多少遗产，二人的财富来源均是通过自身孜孜不倦的努力和非凡的商业才干。

芒格说："伟大的遗产并不仅仅体现在财富上，就像伟大的人给世人更多的是精神力量一样，我的家庭没有给我留下大量的财富，但是我却受到了良好的教育。在我看来，这比实际的钱财更有价值，巴菲特也是一样，他的家庭从小就为他树立了正确的价值观，他也得到了这样一笔非常棒的财富。而当这笔财富作用于商业之上时，便展现出了莫大的效用——人们乐意投资巴菲特，仅仅因为他是巴菲特家族的一员。"

芒格正是从富兰克林那里形成了一种观念，要变得富有才能自由地为人类做贡献。芒格说："富兰克林之所以能有所贡献，是因为他财务自由。我常想做一个对人类有用的人，而不愿像一个死板的守财奴一样。"

芒格认为，通过自己的智慧从投资中获得更多财富，然后将这些财富施与社会上更需要它们的人。

芒格的财富观让其慈善事业得以践行。他担任好几个慈善机构的理事，他与第二任妻子南希先后向伯克希尔中学、哈佛—西湖中学等院校及世界银行捐赠其所持有的伯克希尔 A 类股股票和现金。

2004 年他们向斯坦福大学捐赠了 500 股伯克希尔 A 类股票（当时价值 4350 万美元）用于建造研究生宿舍。在妻子离世后，他继续做着慈善事业，向密歇根大学、卡弗里理论物理研究所、加州大学圣塔芭芭拉分校等捐赠，2013 年至 2016 年，芒格向美国大学及科研机构的捐赠金额超 4 亿美元。

芒格对于他所参与的慈善机构而言，投入的不只是钱，还投入了大量的时间和精力，以确保这些机构的成功运行。

第二部分 /

芒格的投资思想

——

▲

02

Chapter Three

第 3 章

找到企业的内在价值

芒格认为，作为价值投资者，首要任务就是找到企业的内在价值而不是去预测市场走势。

3.1 为了评估股票，必须评估企业

> 买卖股票的动机应在于其内
> 在价值，而非价格走势。
> ——芒格

芒格认为：投资首要的想法是把股票看成企业所有权，如果不了解公司的真实业务，就不能了解与该企业有关的资产价值。

真正的价值投资者对待估价就像他们在私人交易中实际购买一家企业一样。若是收购一家企业，芒格认为应该从基础信息入手，先了解企业的基本面，再了解其他方面。例如，公司卖什么产品，其消费者和竞争者是谁？代表企业所创造的价值的关键数字有哪些？

芒格在对企业估价的过程中就像一个侦探。他不断地自下而上寻找线索，希望了解过去发生的事情，更重要的是弄清正在发生什么。

要想了解企业的基本面，自下而上的价值评估流程不容取代。投资者须关注企业经营产生的现金流的现值，以及企业资本收益是否是高额、持续和稳定的。

芒格要寻找的是业绩稳定的企业，因为它们能够持续而稳定地产生

高额的财务回报，如果某个企业因技术快速进步等因素导致现金流剧烈变动，那么芒格就会将这类企业归入"太难"那个篮子，放弃对它的评估转而评估其他企业。

芒格明确表示，他并没有办法评估所有公司，但对此他并不担心，他认为让投资者感到惊喜的企业已经足够多了。

芒格认为投资股票不能脱离企业的基本面。《华尔街日报》的贾森·茨威格对此有相同看法，他写道："股票不只是股票代码或电子信号。它是企业的一种所有权权益，其潜在价值并不取决于它的股价。"

例如，对于芒格而言，IBM（国际商业机器公司）的一只股票就是整个IBM的一个小额所有权。如果像估价棒球卡那样对待IBM公司的股票，那是输者的玩法，因为他需要预测的往往是非理性和情绪化的群体行为。芒格把对群体心理的短期预测放入"太难"的篮子里，而把重点放在他比较轻松就能取得成功的事情上面。

在对企业进行估值和投资的时候，芒格不会花太多的时间研究宏观经济，比如货币政策、消费者信心指数、耐用品订单和市场情绪等。

芒格和巴菲特作为著名的价值投资者，有时候也会对当前的经济形势发表自己的看法，他们都看好美国经济的长期走势，但他们并不会对经济进行短期预测，在进行投资时也不会根据这种预测做出判断。

芒格和巴菲特投资的一个核心信念——为了评估股票，你必须评估企业，价值投资者是根据企业目前的价值来确定其资产价格，而不是基于对未来市场的预测而定价。投资者没有必要对经济或股市进行短期预测，因为它会自我调节（见图3-1）。

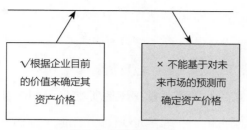

图 3-1　确定资产价格

投资还是投机

在芒格看来,如果投资者在评估股票时不密切关注企业的经营,他就是一个投机者,而不是投资者。如果你是投资者,就会去设法了解企业的资产价值,相比之下,投机者则是设法通过预测他人的未来的行为来猜测资产的价格。换言之,投机者的目的是预测大众的心理,预测一群乌合之众会做什么。

当投机者花时间猜测其他投机者在猜测什么的时候,整个过程会变得荒谬起来,而且周而复始。

价值投资者不会把股票视为一张来回交易的纸,他们也不会花时间查看股价走势的技术图,寻找类似"金叉"或"双底"的图形。事实上,投机者的业绩往往很惨,在扣除了交易费用之后更是毫无收益。即便投机者押对了宝,那也不过是撞大运而已。

芒格坚信本杰明·格雷厄姆的观点,"通过深入的分析,投资者可以保证本金的安全,并获得适当的回报。利用价格曲线图和其他类似预测的做法进行即日买卖的人都是在投机,你可以听到他们在谈论股票市场的表现,而不是谈论具体股票的价值。"

基于一张走势图猜测市场的行为就只是猜测而已!不管它是一张旧

棒球卡，还是一只股票，投机者只会盯着价格。杰出的投资家塞思·卡拉曼对此描述道："技术分析基于这样的假设：掌控未来股价的关键是过去的股价曲线，而非潜在的企业价值。"

著名经济学家约翰·梅纳德·凯恩斯将"投机"定义为"预测市场心理的活动"。他指出，投机者必须思考其他人在想什么。现在看来，这就是所谓的"凯恩斯式的选美比赛"，评审者被告知不要挑选最漂亮的女子，相反，要挑选他们认为其他评审者认为最美的参赛者。这种竞赛的获胜者可能和传统选美比赛的获胜者差异很大。

芒格认为，"预测"是对某一特定结果感兴趣的人拼凑出来的，带着潜意识的偏见，其显而易见的精确性使其根本靠不住。它们让我想起马克·吐温的一句话："矿井是骗子拥有的地洞。"

在美国，预测往往是谎言，虽然不是有意为之，却是最恶劣的谎言，因为做出这种预测的人常常自己会相信有这么件事。

有一个关于预测者的小笑话曾经广为流传，说的是在一个方形的交易大厅里，芒格、复活节的兔子、超人和某证券公司业绩不错的预测师，彼此各占大厅的一角。大厅中央堆着一大堆百元钞票。如果他们同时奔向中间，谁会得到这些钱呢？答案是"芒格"，因为其他三者根本不存在。

价值投资者会避免根据公众的意见来确定股票的价值。正是因为这一点，芒格和巴菲特一直没有投资黄金。芒格认为，拥有黄金不是一种投资，因为黄金不可能做到自下而上地进行基础估值，黄金也不是可以产生收入的资产。

虽然黄金具有投机价值和商业价值，但在芒格看来，它无法计算内在价值，确定投机价值完全就是对大众心理的预测，而芒格不喜欢这种游戏。巴菲特也说："他很乐意接受黄金作为礼物，但不会将它作为一种投资。"

3.2 确定企业的内在价值

> 投资第一法则是：
>
> 不犯重大的财务错误。
>
> ——芒格

伯克希尔公司的《股东手册》中对"内在价值"的定义如下：

"不妨把内在价值简单地定义为：企业在剩余存续期内可以取得的现金折现值。不过，内在价值的计算并非如此简单。如我们的定义所示，内在价值是一个估计值，而非一个确切的数字，另外随着利率的变动或未来现金流的预期被修正，这个估计值就将随之改变。"

由于可以从企业流出的现金并非利润，并且要基于大量不可能被预测的基本因素预估，所以，确定企业的内在价值与其说是一门科学，不如说是一门艺术。

而在确定企业内在价值的方式上，几乎每个投资者都不会完全相同，这是一个很自然的现象。因此最好把内在价值看成某个区间，而不是一个确切的数字。

有些企业的内在价值比较容易评估，有些企业的内在价值让投资者无法把握。芒格不会对每个企业的内在价值进行评估。他在 2007 年年会上说道："我们没有可以正确估算所有企业内在价值的系统。我们几乎将全部企业归入'太难'那一堆，只筛选几个简单的企业来做。"纵观芒格的投资生涯，他就是通过设法避免做难做的事情而获得成功的（见图 3-2）。

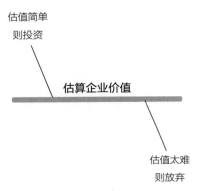

图 3-2　只做估值简单的企业

在理想状况下，确定企业的内在价值的过程很容易，芒格只需心算就能做到。如果确定企业的内在价值太难，他就会直截了当地说"我放弃"。这是一个很有效却未能被充分利用的理念。芒格喜欢用打棒球来比喻，他说："作为投资者，不需要对每一球都挥棒。"

比如对于高科技企业，芒格和巴菲特都承认自己很难对其进行估值。

当有人问芒格为何当年不对英特尔这样优秀的企业进行投资的时候，芒格回答说："像英特尔这样的企业会受到物理规律的制约，这种制约总有一天会导致一张芯片上无法容纳更多的晶体管。我觉得，每年 30% 或者其他比例的增长率将会持续很多年，但不可能会持续到无限的未来。因此，英特尔必须利用它目前在半导体行业中的领导地位开发一些新的业务，就像当年 IBM 利用制表机开发出了计算机业务一样。而预测某些公司是否有能力做到这一点，对我们来说简直太难了。"

巴菲特也说："有一大堆这样的企业，芒格和我完全不知道该如何评估它们的价值，但这一点也不会让我们烦恼。我们不知道可可豆或者卢布以后的价格走势，对于各种各样的金融工具，我们也不觉得自己掌握了对其进行估值的知识。"

很多过分自信的人恰恰与芒格的做法相反，他们习惯知难而进，认为他们有足够的心智解决问题而得到高额的回报。但实际上，难题就是难题，饱含犯错的机会，而一旦犯错就会给投资者造成损失。

当估值流程简单的时候，确定企业的内在价值会大大减少出错的概率。即使在一个流程简单的估值过程中，价值投资者也应该认识到一点：估值过程本来就不精确。价值投资者完全可以接受一个不精确的估值，因为价值投资者寻求的是一个非常宽裕的安全边际，没有必要进行精确的计算。

例如，服务生很容易就能推断出某位老顾客是否超过了法定饮酒的年龄。同样的道理，有些企业的内在价值显然也提供了必要的安全边际。

芒格和巴菲特承认，他们在内在价值的定义上并不完全一致。巴菲特在 2003 年年会上说道："内在价值及其重要，但又十分模糊。在评估内在价值时，面对相同的一系列事实，两个人几乎不可避免地会得出不同的数字，至少略有不同，芒格和我的情况甚至也是如此。"

在 1994 年伯克希尔公司"董事长信"中，巴菲特写道："内在价值是一个数字，但无法精确计算，必须估计……尽管模糊不清，不过内在价值非常重要，它是评估投资和企业相对吸引力的唯一符合逻辑的方式。"虽然估值的看法和做法存在细节上的差异，但大体是一致的。

估值不是价值投资者拼凑出来的东西。

在著名价值型基金经理人迈克尔·普莱斯看来："内在价值是投资人在进行了充分的尽职调查并得到银行大额的授信额度之后，为了完全掌握一家企业而愿意支付的价格。对我来说，最重要的指标是得到完全控制地位的交易价位，而不是市场交易的价位，或相对于类似其他（企业）股票的交易价位。"

当投资者面对投资价格上下波动的时候，考察内在价值是其最终分析的参考点。

估值分析

芒格在为企业估值时，是从"所有者盈余"开始入手的，所有者盈余的算式为：

所有者盈余 = 净收入 + 折旧 + 损耗 + 摊销 − 资本支出 − 额外运营资金

在此种方法中，伯克希尔公司利用所有者盈余，把维持企业股本回报率所需支出纳入考量。所有者盈余并不是唯一的估值指标，其他价值投资者可能会用不同的标准计算价值，比如说息税前利润（EBIT）。

息税前利润，顾名思义，是指支付利息和所得税之前的利润。当息税前利润增大时，每一元盈余所负担的固定财务费用就会相对减少，这能给普通股股东带来更多的盈余。

巴菲特在做估值时，将企业的成长性作为一项重要的考量要素，并与芒格的方法相呼应。成长性是企业预期盈利能力的持续增长，价值投资更看重现在的安全边际，而成长投资更看重企业的未来发展，哪怕现在企业的内在价值只有 1 元，而股票的价格是 2 元，只要企业的成长性高，这只股票就值得投资。

巴菲特认为，成长性一直是价值计算公式中的一项因素，它构成了一个可变因素，其重要性可能是微不足道的，也可能是巨大无比的，其影响可能是消极的，也可能是积极的……只有在对企业的投资可以产生不断增值的诱人的回报时，换言之，只有为增长所花的每一分钱都能创造超过一分钱的长期市场价值的时候，成长才会给投资者带来收益。如果是需要持续增加投入却回报甚微的企业，它的成长就会伤害投资者。

显而易见，在做估值分析的时候，芒格和巴菲特都是非常保守的。

3.3 安全边际

安全边际是格雷厄姆提出的概念，
它永远不会过时。
——芒格

安全边际对于芒格来说是非常重要的，芒格说："作为价值投资者，首先秉承的一个原则就是'安全边际'。对于这一原则，没有人比本杰明·格雷厄姆阐述得更清楚了。"

格雷厄姆这样描述安全边际的作用：若要将稳健投资的秘诀精炼成几个字，我们可以大胆地将"安全边际"这个概念作为答案。

什么是安全边际？格雷厄姆将"安全边际"定义为"价格和经过评估的企业（内在）价值之间的差额"。内在价值是未来现金流的现值，安全边际反映了内在价值和当前市场价格之间的差距。简单来说，具有较大的安全边际可以理解为：在一只股票的内在价值之下获得一个折扣购买。

根据格雷厄姆的说法，设立安全边际的目的很简单，安全边际的功能使得准确预估未来成为多余。投资者可在安全边际许可的低价买进，然后等待。然而，等待恰恰是最难的。

对于市场上的投资者来说,安全边际类似于高速公路上的安全车距。你与前行的车之间若有足够的距离,你就只需对当下看到的情况做出反应,而不必预测前方驾驶者的动作。如果你的车离前方快速行驶的车辆只有几英尺,你就需要预测,而不是只做反应,否则就会撞车。

芒格是这样描述巴菲特的导师格雷厄姆如何论述安全边际的:"格雷厄姆还有一个私人所有价值的概念,即如果整个企业可以出售的话,它的卖价会是多少。在卖价较高的情况下,安全边际是可以计算的。如果你拿股价乘以股数,得到的数值是整体售价的 1/3 或更低,那么格雷厄姆会说你占有很大的优势。即便是一个由老酒鬼经营的欲振乏力的企业,只要你能得到高于每股实际价值的大幅增长,那就意味着各种好事都会发生在你身上。按他的说法,拥有巨大的超额价值,你也就有了一个巨大的安全边际。"

虽然内在价值和安全边际的计算并不精确,甚至是模糊的,但它们仍是格雷厄姆价值投资体系中的关键任务。

估值是金融当中最接近万有引力定律的东西,它是长期回报的主要决定因素。然而,投资的目的(一般)按照公允价值买进,并在一定的安全边际下购买。这反映了对公允价值的估计只是一种估算,数字并不精确,所以,安全边际提供了非常必要的缓冲,以缓和错误和不幸带来的冲击。若投资人违反这一原则,在不具备安全边际的情况下进行投资,他们就有可能面临资本永久损失的风险(见图 3-3)。

图 3-3 安全边际

设定安全边际避免犯错

很多人认为购买一家优质公司的股票就可以高枕无忧，其实这是一种很大的偏见，投资者为每股支付的价格才是最重要的。例如脸书、耐克这样的公司，即使其收入和利润都很可观，但它们的股票可能并不值天价。高涨的舆论不只造成了低回报的可能，也是高风险的来源。

优质资产也可能有风险，而低质量资产有时反而可能是安全的。

同样，一家公司的股价从以前的高位上跌落，也并不代表投资者就可以放心购买这只股票。换句话说，从安全边际的角度看，特定公司偏离其几年前的价值未必就表示购买这只股票是安全的。

芒格认为，"投资领域中的安全边际与工程领域中对于建筑安全的理念类似。如果你正在建造一座桥梁，作为工程师，你会想要确保它比应对最严重情况所需的强度还要坚固。"

"在工程领域，人们拥有很大的安全边际。当人们建一座桥时，要确保它能够承载 3 万磅的重量，虽然桥上常常只有重达 1 万磅的卡车通过。但在金融世界，人们一点也不在乎安全边际，他们任由它像气球一样膨胀、再膨胀。"

在对复杂系统进行预测的时候，错误是不可避免的。拥有安全边际意味着即使投资者犯了错误，也仍然可以赢。

支撑安全边际原则是一个简单的概念：用超额价值作为缓冲以防止犯错。如果投资者是以"折扣价"购买了股票，投资者就拥有了安全边际，而这有助于避免犯错，也将提高投资者的成功概率。

芒格说：若投资者能获得安全边际，那么股票的价值就一定得大大超过他们支付的价格。价值投资者应该永远记住，价格是投资者付出的，价值是投资者得到的。如果投资者可以用低于实际价值几十美分的价格买到价格为 1 美元的股票，即便出现重大失误，他们也可以盈利。在足够便宜的时候买进股票，这样就不需要预测股票市场上短期价格的走势了。

对于价值投资者而言，找到有安全边际的投资机会并不常见，所以投资者必须有耐心。对大多数人来说，在等待期间想要有所行动的诱惑实在是难以抗拒。

不同的投资者对安全边际的理解是不同的，有些投资者喜欢拥有一个比他人更大的安全边际，有的人则相反。例如，某个投资者可能需要 25% 的安全边际，而另一位可能需要 40% 的安全边际。由于内在价值的概念本身并不精确，安全边际的计算自然也不是精确的。

芒格和巴菲特喜欢比较大的安全边际，以至于不需要任何的数学计算，只凭心算就可以获得。

安全边际多大取决于潜在的风险

在大萧条之后，格雷厄姆花大量时间寻找"死了比活着更值钱"的公司——"雪茄屁股"公司。股市大崩盘和大萧条导致很多人索性放弃持有股票。大萧条过去很长时间后，一些公司甚至可以低于清算价值的价格出售。

在此期间，这些所谓的"雪茄屁股"公司普遍存在，但是多年以后，在市场上已经难觅它们的踪影。晚年的时候，格雷厄姆谈及这一点认为：上市公司不再以低于清算的价格进行交易，这一事实并不意味着使用价值投资体系进行成功交易已经不再可能。

置身于大萧条后的新环境中，芒格和一些投资者开始把格雷厄姆价值投资原则应用于高品质的企业，使不是交易价格低于清算价值的企业，而安全边际同样有效。

有伯克希尔的股东问巴菲特："你在 1992 年的致股东信中写道，你努力以两种方法来解决未来盈利的问题：通过坚持投资你懂得的企业以及建立安全边际。你说这两者同等重要。但是，如果不能兼得，你觉得哪一个更重要？"

巴菲特对此回答道："有一个更加权威的人曾经告诉过我们，如果你很懂一家企业，并且能洞察它的未来，你需要的安全边际显然就很小。相反，一家公司越脆弱或者它变化的可能性越大，如果你依然想投资这家企业，你需要的安全边际就越大。这好比，如果你驾驶着载有 9800 磅货物的卡车通过一座载重量为 1 万吨的桥，且这座桥距离地面只有 6 英尺的话，你可能会觉得没事。但是，如果这座桥坐落在大峡谷之上，你可能就想得到大一些的安全边际，因此，你可能只会驾着 4000 磅重的货物通过这座桥。所以说，安全边际多大取决于潜在的风险。

3.4 格雷厄姆的盲点

本杰明·格雷厄姆的思考有盲点，他对于
值得为某些企业支付高价这件事不太欣赏。

——芒格

芒格对格雷厄姆价值投资体系的思考有一个演变过程，芒格评估企业价值的方法一部分受到本杰明·格雷厄姆的影响，还有一部分受到华尔街投资大师菲利普·费雪的影响。

芒格说道："作为投资者，本杰明·格雷厄姆还有很多东西要学。股市大崩盘和大萧条几乎让本杰明·格雷厄姆倾家荡产，他那些如何为公司估价的想法都是被逼出来的，他对市场可能发生的变数总是心有余悸。终其后半生他都后怕不已，他所有的方法都旨在远离可能发生的变数。"

"我认为本杰明·格雷厄姆在投资方面赶不上沃伦·巴菲特，甚至不如我。购买廉价得像雪茄屁股一样的资产是一种陷阱和错觉，它不适用于我们已拥有的巨额资金。你不能如此操作数十亿美元，哪怕是几百万美元的投资。但他是一位优秀的作家和老师，才华横溢，是当时投资领域的智者之一，也可能是唯一的智者。"

因此，和很多坚持纯粹的格雷厄姆投资风格的投资者不同，芒格认为他们的投资风格必须要有所发展和演变。而费雪对这种演变过程至关重要。

费雪是长期持有成长股投资理念的倡导者，同样属于价值投资者，费雪倡导研究企业的成长性，号称"成长股之父"。他在 1958 年首次出版的《怎样选择成长股》成为投资成长股的经典著作。

费雪认为，普通人几乎不可能预测经济大势，普通投资者以最小的代价和风险去投资能获得最大收益的公司，就是努力寻找 "成长股"进行投资。

投资者如果希望跑赢大盘，就应该专注于数量较少的股票，费雪更喜欢几乎永远地持有股票。

例如，他在 1955 年买了摩托罗拉的股票，一直持有到 2004 年，费雪认为像"又慢又好打的球"那样的投资机会很少见，只有耐心寻找的投资者才能遇到。

跟许多投资者不同，费雪赋予企业潜在的品质以极大的权重。作为投资者，即使没有找到"雪茄屁股"似的廉价股票，费雪也能跑赢大盘。

他对芒格和巴菲特的投资理念形成具有重大影响，巴菲特曾说："当我读过《怎样选择成长股》后我找到费雪，这个人和他的理念给我留下深刻印象。通过对公司业务深入了解，使用费雪的技巧，可以做出聪明的投资决策。"

芒格和巴菲特逐渐转向费雪的企业估值方法，一个重要原因在于格雷厄姆青睐的那种廉价公司在大萧条之后逐渐消失。另一个原因是芒格和巴菲特在市场上取得了成功，伯克希尔公司每年都有大量的资金需要运作，在这种资金规模下，要想在市场上找到足够的"雪茄屁股"是不可能完成的任务。

与传统的格雷厄姆的投资方法相比，结合了费雪理念的价值投资方法有很大的不同。芒格和巴菲特都希望得到安全边际，但是投资者选择计算内在价值和安全边际的方法各有不同。对芒格而言，费雪的方法更胜一筹。

芒格认为，在大萧条之后，格雷厄姆定义的廉价货已经销声匿迹了。格雷厄姆的追随者的反应是，改变他们的盖革计数器（最初是 1908 年由德国物理学家汉斯·盖革为探测 α 粒子而设计的，至今仍然普遍用于核物理、医学、粒子物理及工业领域）上的刻度。他们开始用不同的方式定义廉价货，而且仍然很奏效。

巴菲特今天的投资理念可能更接近费雪，而不是他曾经说的只有 15% 的相似度。正是因为芒格吸收了费雪的投资理论，督促巴菲特远离了本杰明·格雷厄姆"寻找廉价股"的方法。他们对喜诗糖果的投资是伯克希尔为优质的公司支付高价的早期案例，以接近 3 倍的净资产收购溢价，使得巴菲特勇敢地跨出了格雷厄姆投资理念的框架。

巴菲特曾经说过："50 多年前芒格告诉我，以公平的价格买下一家非常优秀的企业远胜于以惊人的低价买下一家普通企业。"芒格认为，用合适的价格购买一家优秀企业仍然符合格雷厄姆价值投资体系关于买便宜货的原则。

芒格认为，一家公司的品质高，长期下来就会给你带来满意的收益。

如何评估企业品质，芒格和巴菲特的观点基本一致，他们认为拥有品质最好的企业就意味着：在很长一段时间内，可以以很高的回报率大量使用增量资本。而拥有品质最差的企业意味着：情况必定与之相反，也就是说，企业始终以很低的回报率使用越来越多的资本。

芒格和巴菲特都非常重视企业资本回报能力的大小和持续性。投资资本的回报率（ROIC）是税后利润除以投入企业的资金额后所得到的比率。简而言之，企业所用的资本能创造多少收入，决定了芒格和巴菲特如何看待这家企业的品质。

3.5 价值评估流程

> 如果你非常有耐心，又能够在必要时主动出击，
> 你就能通过实践和学习，逐渐了解投资这种游戏。
>
> ——芒格

芒格说："20年来，我们每年最多投资一到两个公司。我讨厌从一大堆沙子里淘洗出几粒小小的金子。我要去寻找别人尚未发现的、躺在平地上一眼就能看见的大金块。"

芒格有一套严谨的评估流程和评估清单，他严格地按照评估清单筛选投资项目。他说："评估一个公司的过程一定要运用逻辑。确认自己的能力圈，如果你有能力，你就会非常清楚自身能力圈的边界在哪里，如果你问自己是否超出了能力圈，那就意味着你已经在圈子之外了。

芒格把投资项目分成了三类：可以投资的投资项目，太难理解的投资项目，不能投资的投资项目（见图3-4）。

容易理解的、有发展空间的、能够在任何市场环境下生存的主流行业，被芒格列为可以投资的投资项目。

制药业和高科技行业被芒格列为"太难理解"的投资项目，芒格和

巴菲特对此保持了高度的一致：不投资高科技行业股。巴菲特说："高科技行业也有很多很好的公司，只是我并不了解它们，很难对科技公司进行合理的估值。我更加偏向于没那么令人激动的行业，例如食品、交通、保险这类我更为理解的行业。"

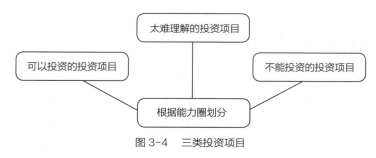

图 3-4　三类投资项目

大张旗鼓宣传的"交易"和公开招股的项目，被芒格列为"不能投资"的投资项目。

被列入"可以投资"池子里的投资项目还必须接受芒格思维模型方法的筛选。这个优胜劣汰的过程很漫长，但也很有效果。

在整个详尽的评估过程中，芒格将各种相关因素都考虑在内，包括企业的内部因素和外部因素，以及它所处的行业情况，即使这些因素很难被识别、测量或者化约为数字。

芒格喜欢将各项因素综合考量，他将各项因素视为整体的"生态系统"，他认为有时候某个最大因素或者最小因素都能够使单个因素变得具有与其自身不相称的重要性。

内部因素考量

芒格对待企业的财务报表和它们的会计工作一贯持怀疑态度，芒格认为会计数字只能粗略地估算企业的价值，不能反映企业的真实价值。

他会根据他自己对现实的认识，重新调整财务报表上所有的数字，包括实际的现金、产品库存和其他经营性资本资产、固定资产，以及诸如品牌声誉等通常被高估的无形资产。

他也会评估企业股票期权、养老金计划、退休医疗福利对现今和将来的真实影响。

他会同样严格地审查资产负债表中负债的部分。例如，在适当的情况下，他认为像保险浮存金，短期内无须赔付出去的保费收入，这样的负债更应该被视为资产。

他会对公司管理层进行特别的评估，具体来说，他会评估他们的"能干、可靠和为股东考虑"的程度。例如，他们如何分配现金？他们是站在股东的角度上聪明地分配它吗？或是为了增长而盲目地追求增长？

外部因素考量

芒格要额外检查的企业外部因素似乎有无穷多，包括当今及未来的制度环境，劳动力、供应商和客户关系的状况，技术变化的潜在影响，竞争优势和劣势，定价威力，环境问题，还有很重要的潜在风险变为现实的可能性。

除此之外，他还试图从方方面面评估和理解企业的竞争优势以及这种优势的持久性，包括产品、市场、商标、雇员、分销渠道、社会潮流等。

芒格认为，一个企业的竞争优势是该企业的"护城河"，是保护企业免遭入侵的无形沟壑。优秀的公司拥有很深的护城河，这些护城河不断加宽，为公司提供长久的保护。

最后，芒格会计算整个企业的真正价值，并在考虑到未来股权稀释的情况下，确定每股的价值大约是多少。

后面这种比较是整个过程的目标——对比价值（你得到的）和价格（你付出的）。

芒格在分析的过程中会逐步排除一些投资变量。

等到分析结束时，他已经将候选投资项目简化为一些最显著的要素，也完全有信心决定到底要不要对其进行投资。价值评估到最后变成了一种哲学的评估，而不是数学的衡量。

经过这一系列严格的评估，芒格会筛选出极其优秀的候选投资公司。但芒格并不会立刻买入该公司的股票，他需要等到正确的时间以合理的价格买入。

投资检查清单

芒格说："使用科学方法和有效的检查清单能够最大限度地减少投资错误和疏忽。"

当确定了投资项目后，芒格会按照清单上列出的投资原则，逐一检查投资项目，每个原则都被芒格视为投资分析过程的一部分，就像整幅马赛克图案中每个单独的小块那样。

芒格的检查清单包括以下内容：

风险——所有投资评估应该从测量风险（尤其是信用的风险）开始。

测算合适的安全边际。

避免和道德品质有问题的人交易。

坚持为可预估的风险要求合适的补偿。

辨认和核查否定性的证据。

买入前的检查

决定买入前，他会进行更精细的筛选，也就是"扣动扳机之前"的检查。检查清单上的项目如下：

目前的价格和成交量是多少？

交易行情如何？

经营年报何时披露？

是否存在其他敏感因素？

是否存在随时退出投资的策略？

用来买股票的钱现在或将来有更好的用途吗？

手头上有足够的流动资金吗？

这笔资金的机会成本是多少？

如果所有条件都刚刚好，芒格决定要投资该项目，那么他很可能会下很大的赌注。他绝不会小打小闹，或者进行"小额的投机性投资"。

巴菲特评价芒格说道："芒格掌握了各种学科知识，所以他能够在投资时考虑到许多普通人不会考虑的因素，就这方面而言，也许没有人可以和他相提并论。"

3.6 买入伟大公司的股票

> 我们就跟要饭的似的到处寻找好公司进行投资。20年来，我们每年最多投资一到两个公司。
>
> ——芒格

如果投资者能够找到某个价格公道的伟大公司的股票，买进它，然后持有等待，这是最划算的投资，这种投资方法对于个人投资者将会非常有效。

如何买入伟大公司的股票呢？有一种方法是及早发现它们——在它们规模很小的时候就买进它们的股票。例如，在山姆·沃尔顿第一次公开募股的时候买进沃尔玛的股票。

对于初出茅庐的投资者来说，如果配以自律，投资有发展潜力的小公司是一种非常聪明的办法。

等到优秀企业明显壮大之后，想要再参股就很困难了，因为竞争非常激烈。芒格曾说："哪个项目才是我们的下一次可口可乐投资呢？嗯，我不知道答案。我认为我们现在越来越难以找到那么好的投资项目了。"

在伟大公司的股票模式中，有这样一个子模式：它们的管理者仅通过提高价格就能极大地提升利润，在投资者的一生当中，发现这样的企业，不用动脑筋也知道这是好股票。

迪士尼就是这样的伟大公司。迪士尼可以把门票的价格提高很多，而游客的人数依然会稳定增长。所以迪士尼公司的伟大业绩固然是因为管理者艾斯纳和威尔斯极其出色，但也应该归功于迪士尼乐园和迪士尼世界的提价能力，以及其经典动画电影的录像带销售。

由于投资伟大的公司能够赚钱的道理太过明显，所以它有时会被过度投资。在美国 20 世纪 50 年代的大牛市，每个人都知道哪些公司是优秀的。所以这些公司的市盈率飞涨到 50 倍、60 倍、70 倍，然而虚高的股价导致了巨大的投资灾难。

例如，2011 年伯克希尔高价购入 IBM 股票，两年后的 2013 年，IBM 股价飙升至顶点。随着全球 PC 业务开始萎靡，IBM 的股价也开始不断下挫，前后共计缩水 1/3。

芒格说："IBM 的股价从浪尖掉落，其他许多公司也好景不再。因此，投资者必须时刻注意过度投资的危险。"

卓越的管理者

企业的管理人员很重要，如果投资者买入的伟大企业正好有一位伟大的管理者，是非常理想的情况，例如，通用电气的管理者是杰克·韦尔奇，他使伟大的企业更伟大。

通用电气由托马斯·爱迪生创立，业务范围涵盖医疗、航空、照明和能源等领域，1981 年至 2001 年韦尔奇担任通用电气 CEO。

在他在位的 20 年间，他将一个弥漫着官僚主义气息的公司打造成一个充满朝气、富有生机的企业巨头。在他的领导下，通用电气的市值由他上任时的 130 亿美元上升到了 4800 亿美元，也从全美上市公司盈利能力排名第十位发展成位列全球第一的世界级大公司。

芒格说："管理者是否伟大，大多时候是可以预见的，即使是普通投资者也能够看出杰克·韦尔奇比其他公司的管理者更具远见和更加出色。"

糟糕的管理者会让伟大的企业一路下滑直至堕落，例如西屋电气管理者断送了企业的前程。

在 20 世纪 90 年代，西屋电气旗下的信贷公司在公司管理层的批准下借出多笔高风险贷款给房地产开发商，最终变成坏账。

数十亿美元无法追回，导致西屋电气陷入财政危机。接下来，西屋电气陆续卖掉了除广播业务外的几乎所有业务部门。2006 年，东芝公司收购西屋电气。2018 年，西屋电气被博勒飞公司收购。

投资者需要做的一项重要工作是比较管理层之间的能力并预测管理层的行为，发现优秀的管理者。

优秀的管理者并不少见，而且在许多时候，他们很容易被辨认出来，例如，他们总是采取合理的运营策略，并且让员工变得更加积极和聪明。

投资者偶尔会有机会可以投资一家有着优秀管理者的优秀企业，这是非常幸运的事情，如果有了这些机会却不好好把握，那投资者就犯了大错。

在非常罕见的情况下，投资者会找到一个极其出色的管理者，哪怕他管理的企业平平无奇，对他的企业进行投资也是明智的行为。

大多数时候，投资者会发现有些管理者非常有才能，他们能够做普通人做不到的事情。例如，英国玛莎百货的第二代掌门西蒙·马克斯、国民收款机公司的帕特森就是优秀的管理者，山姆·沃尔顿也是优秀的管理者。

虽然发现卓越的管理者至关重要，但芒格还是规劝投资者，把赌注压在企业的质量上比押在管理人员的素质上更为妥当。

芒格说："如果投资者必须做选择的话，要把赌注压在企业的发展前景上，而不是押在管理者的智慧上。"

Chapter Four

第 4 章

成为市场先生的主人

　　投资市场风云变幻，使许多投资者望而生畏，芒格是依靠哪些策略征服市场先生，从而成为市场先生的主人——获得令人羡慕的巨大的成功呢？

4.1 躁郁的市场先生

> "市场是有效的"这一观念大致是正确
> 的，然而，仅仅做一个聪明的投资者很
> 难打败市场。
>
> ——芒格

　　格雷厄姆认为市场是无效的，市场先生就像一个每天发病的狂躁抑
郁症患者。市场先生在短期内的表现是不可捉摸的"抑郁"与"狂躁"
交替的两个极端。

　　当市场先生心情沮丧的时候，它可能会将资产贱卖给你；有的时候，
因为处于亢奋与狂躁状态，市场先生会以超过预期的高价买走你手中的
股票。市场先生之所以情绪变化不定，是因为它是由很多人组成的，在
短期内，这些人会基于自己的情绪和市场内其他人的情绪及其行动来做
出预测，从而集体"投票"确立一项资产的价格。

　　了解市场先生这两种情绪状态的不同，对于成功应用格雷厄姆的价
值投资体系来说是非常必要的。

　　对于价值投资者来说，购买股票的最好时机是市场先生"抑郁"——

情绪低落的时候，此时，股票可能会出现明显的低价。正如格雷厄姆认为的：股票价格下降基本是有利的，只要企业本身的基本面保持稳定，市场对股价的短期看法可以忽略，而且从长期来看，这种情况一定会得到纠正。

因此，在市场先生"抑郁"的时候，我们可以分析并确定企业的内在价值，以非常便宜的价格购买资产，然后等待。

芒格曾形象地描述了格雷厄姆提出的市场先生概念，他说道："本杰明·格雷厄姆把市场当成了一个会每天发病的狂躁抑郁症患者。有时市场先生会说：'我会卖给你一部分我的股份，比你以为的价格还要低'。而当市场先生病情发作的时候，它会说：'我会以远高于你预期的价格买下你的股票。'"

与格雷厄姆的市场无效论相反的观念是市场有效论。

市场有效论始于1965年美国芝加哥大学著名教授尤金·法玛在《商业学刊》上发表的一篇题为《证券市场价格行为》的论文，法玛认为"市场价格总能够完全反映市场信息。"《漫步华尔街》的作者马尔基尔在1992年提出："一个市场是有效的，如果证券价格不会因为信息的披露而受到影响，则市场是有效的。进一步讲，如果市场是有效的，人们则不可能通过信息分析和发掘获得额外的经济利益。"

市场有效论认为投资者无法打败市场，因为市场总是会被合理定价。

与市场有效论的拥护者不同，芒格部分认同格雷厄姆的市场无效的观念，他认为，市场在大多数的时候是有效的，但并不总是有效（见图4-1）。

法玛认为 市场是有效的	格雷厄姆认为 市场是无效的	芒格认为市场 大致有效，有时无效
投资者无法打败市场	踏准节奏能够获得 超额收益	价值投资者 可以大显身手

图 4-1 股市的三种观点

芒格说："我给那些信奉极端的有效市场论的人取了个名字——叫作'神经病'。那是一种逻辑上自洽的理论，让他们能够做出漂亮的数学题，我想这种理论对那些有很高数学才华的人非常有吸引力。可是它的基本假设和现实生活并不相符。"

把市场先生看成你的仆人

芒格在 2009 年的股东大会上说道："'市场是有效的'这一观念大致是正确的，然而，仅仅做一个聪明的投资者很难打败市场。但我认为它并非完全有效，完全有效和大致有效之间的区别给我们这种人创造非凡的纪录留下了无限的机遇。"

芒格认为，市场大致有效和总是有效的差距正是价值投资者大显身手的时机。

芒格说："事实上，市场先生的两个极端状态的时时发作是送给价值投资者的礼物——它会偶尔搞几次大酬宾活动。许多年来，我们通常的做法是，如果自己喜欢的股票或者其他商品价格跌落，我们就会购买更多。有时候，如果你遇到一些事情，意识到自己错了，那就退出，但是如果你对自己的推断信心满满，那就增持，并利用股价波动谋利。"

巴菲特说过这样一句话："我后半辈子会一直买汉堡。当汉堡价格下跌，我们家就齐唱'哈利路亚'（赞美上帝的词汇）；若汉堡价格上涨，我们就会悲伤流泪。"

对此，拥护格雷厄姆理论的价值投资者经常会发现，特定股票跌价反而是增持该股票的机会。基于格雷厄姆价值投资原则来管理基金的人都知道，当市场行情下跌的时候，有经验的投资者不会感到恐慌，反而会视其为机会。

对于价值投资者来说，当有利价格不可预见地出现的时候，迅速果断地做出反应至关重要。

芒格说："不要认为市场先生是聪明人；相反，要把它看成你的仆人。股价肯定会围绕其内在价值上下波动。不要预测什么时候发生波动，而是要在波动发生前耐心地等待。价值投资者为股票定价，而不是为市场确定时间周期。耐心等待是格雷厄姆式价值投资的难点所在。"

格雷厄姆价值投资体系的一个基本前提是"价格周期性的涨跌"。芒格认为不可能通过预测这些商业周期，在短期内获得高于市场的财务收益。由于商业周期推动价格出现不可预测的来回涨跌，因此可以选择企业"内在价值"作为基准点。

投资者要做的就是耐心地等待和观察，随时准备在价格大大低于基准点——内在价值时迅速而果断地买入，而当价格在很有吸引力——大大高于基准点时出售。

4.2 告别从众的愚蠢

> 人类倾向于集体做蠢事，在某些情况
> 下，就像旅鼠一样聚在一起，这可以
> 解释聪明人的很多愚蠢想法和行为。
>
> ——芒格

芒格告诉我们要做市场先生的主人而非仆人，但是从众会让你受市场先生的支配，因为市场先生就是大众。在致股东的一封信中，巴菲特用一个故事说明了从众行为的愚蠢：

有一位石油投机者蒙上帝恩召，升入天堂，但被圣彼得拦住，并给他带来坏消息，圣彼得说："你有资格居住于此，但是，你也看到了，为炒石油的人留出的区域已经人满为患，没有空房间了"。思考片刻之后，这位投机者问能否允许他对目前的住户说几句话。圣彼得答应了，这位投机者将双手放在嘴边，大喊一声："地狱发现了石油。"话音刚落，天堂的大门大敞四开，所有石油投机者一拥而出，直奔地狱。

目瞪口呆的圣彼得邀请这位投机者搬进空出的房间，怎么舒服怎么住。这位投机者却止步了。他说："不了，我想我应该跟这帮家伙一起走，毕竟谣言有真实的成分。"

人天生就有从众的倾向。换句话说，因为个人的时间有限，而且经常无法获得完整的信息，所以人们倾向于复制他人的行为。社会心理学家恰尔迪尼这样表述："我们用来推断正确事物的方法，是发现其他人认为正确的事情，我们认为某件事情更加正确……那是因为看到别人也这样做了。"

从众倾向是金融泡沫产生的一个重要原因，它常被欺诈者利用。例如，操纵庞氏骗局的著名华尔街经纪人伯纳德·麦道夫就是这方面的高手，他利用人们的从众心理，让投资者乖乖地给他送钱。

他的做法是设法让大众知道他在替名人理财，而这些名人被认为是"消息灵通人士"。不无奇怪的是，人们倾向于跟风著名的投资者，即使这个名人并不是因其出众的投资业绩而闻名。因此芒格认为，不盲目跟随大众，而是进行独立思考，这是训练有素投资者的特点（见图4-2）。

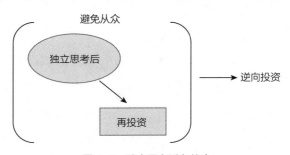

图4-2 独立思考避免从众

人们倾向于追随他们认为的权威人士，尤其在面对风险、不确定或无知的时候更是如此。恰尔迪尼教授是这样描述权威倾向的："当人们不确定时，他们不会反求诸己，而是会更看重能减少不确定性的外部信息来源。他们信赖权威的判断。"

　　专业人士的头衔，昂贵的服装和专业人士的装扮往往能有效地传递权威性。在有些投资者的眼里，那种穿着华服、开豪车的股票推销者更像是权威人士。

　　芒格认为大众很容易被所谓的权威人士所误导，在他的一次演讲中，他提到：

　　"有一项实验，让参与实验的人在模拟器上开飞机，参与实验的是正驾驶、副驾驶两个人，正驾驶是权威人物。"

　　"他们让正驾驶做一些操作，而副驾驶在模拟器上已经练习了很长时间，因此他知道正驾驶这样做会不会导致飞机失事；实验者故意让正驾驶做一些连白痴都知道的会导致飞机失事的操作，但在正驾驶做这些操作的时候，副驾驶只是坐在那里，对此无动于衷。因为正驾驶是权威人物。在这种情况下，飞机失事的比例高达 25%，我的意思是说，这是一种非常有影响力的心理倾向。"

　　芒格强烈支持在独立思考之后再进行投资。明智的做法是，在独立思考的时候记住塞思·卡拉曼的观念，即价值投资是逆向投资者和精于计算之人的结合体。

　　跟随大流就意味着，跑赢大盘在逻辑上是不可能的。独立思考可以带来利用人们从众倾向获得套利的机会。当看到投资机会对你有利，且众人也纷纷转向它时，有时反其道而行之反而更可能获利。当然如果只是逆向操作可能还不够，你必须足够准确地计算出跑赢大盘的正收益量。

4.3 "不犯傻"便是最大的聪明

> 巴菲特和我有一些可以很容易地传授给他人的
> 技能。这些技能之一就是知道自己能力的边界。
>
> ——芒格

在芒格的投资逻辑当中，不管是牛市还是熊市，只要投资者不犯傻，都会有令投资者大显身手的机会。当牛市来临的时候，许多投资者都欢呼雀跃，因为这代表股市大涨，财富翻倍，但人们在兴奋的状态下很容易失去理智，这往往让投资者摔得很惨。

芒格曾这样比喻牛市与投资者："假如你是池塘的一只鸭子，随着暴雨倾盆而下，池塘的水位也越来越高，你开始不断上浮。这时候，你或许认为上浮的是你自己，并因此而沾沾自喜，却想不到真正上浮的是池塘。"

"在这种情况下，我们要做的不是竭尽全力去做出所谓聪明的举动，而是想方设法地阻止自己不犯傻。很多时候，我们只需把握住长期优势即可。要知道，淹死的往往是会水的。"

对此格雷厄姆也有相应的观点，当牛市来临的时候，他主张"后退"，即做出逊于大盘指数的行为。格雷厄姆主张放弃牛市当中的某些机会，转而在股市下跌或不景气时趁机跑赢大盘。太多的投资者只关注自己所获得的回报，却鲜有人去注意相关风险。以"后退"的方式栖身股市，并非是所谓的"保守投资"，而是一种规避风险的手段，长期持有才能获得可观的回报。

如果投资者有获得长期回报的眼光，那么就必须拥有能够接受短期内业绩逊于大盘的魄力。要知道在股市中，没有人是常胜将军，若要成为笑到最后的人，就必须稳中求进，做到能屈能伸。

很多时候，芒格的投资逻辑与大众的投资逻辑不同，他认为，若想获得投资回报，只要做到"少犯傻"就可胜券在握。这听上去有些让人费解，芒格解释道："这其实就像代数，很多问题都是通过逆向思维解决的。"

如果我们用逆向思维来思考"不犯傻"这件事，便可以主动去寻找那些可能被选择的错误路径，然后想办法避开它们。这样一来，我们便可以放心选择较为合适的路径了。

人们总是在探究"到底什么是正确的"，实际上，我们大可以去明确"什么是错误的"。比起前者，后者或许会更容易，并且可以通过"规避错误"的方式达到与前者一样的目的。投资活动被各类不可预知的风险和变数充斥着，能够"不犯傻"便是最大的聪明，就像芒格所说的："明确你知道的是什么往往比聪明更有用。"

芒格喜欢打这样一个比方：他想知道自己会死在哪里，这样就可以有意避开不去那里（见图 4-3）。

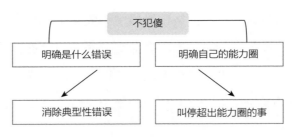

图 4-3　不犯傻便是聪明

芒格说："巴菲特和我有一些可以很容易地传授给他人的技能。这些技能之一就是知道自己能力的边界。如果你不知道自己能力的边界，那它就不算一种能力。巴菲特和我擅长叫停百分之百的蠢事。光是致力于消除典型的错误，我们就让很多更有天赋和更勤奋的人望尘莫及。"

逆向思考可以避免犯错

芒格有一系列用来避免错误的方法，其中逆向思考是他最擅长应用的方法。

芒格在思考事情的时候会先从相反的方向开始。例如，想要了解如何过上幸福的生活，芒格就会先去研究可能使生活惨不忍睹的做法；想要调查企业如何做大做强，芒格就会首先研究企业是如何衰败、倒闭的；大多数人更关心如何在股市中取得成功，但芒格最关心的问题是为什么大部分人没有在股市里赚到钱。

芒格在做投资决策时，将逆向思考发挥应用到了极致的程度。在进行投资决策之前，他首先不是考虑能获得多少收益，而是先考虑这笔投资在什么情况下会导致失败。导致失败的因素发生的可能性大吗？如果该因素发生，大概会有怎样的损失？买入的价格是否已经留有安全边际？对于普通投资者而言，不断训练逆向思考方式，慢慢会形成一种好的投资思维习惯。

芒格有一份检查清单，它是从衡量风险开始的。芒格说："所有投资评估应该从衡量风险（尤其是信用风险）开始，比如衡量合适的安全边际，避免和道德品质有问题的人交易，坚持为预定的风险要求合适的补偿等。"

2004 年，在伯克希尔公司的年度大会上，一位年轻的股东向巴菲特请教成功的方法。巴菲特谈了谈自己的看法，而芒格则插话说道："不要吸毒，不要乱穿马路，也不要染上艾滋病。"对于这种插话行为和有些"不着边际"的表述，很多人不理解，认为这是他的幽默。实际上，这从侧面反映出芒格规避错误的特殊行为方式。

4.4 让问题简单化

> 如果某事太难，我们就换别的
> 事情做。还有比这更简单的吗?
> ——芒格

芒格认为，格雷厄姆的投资体系的关键在于它很简单。太多的人会设定一种情景，并把事情复杂化。美国国家航空航天局（NASA）有个老笑话，可以说明这种复杂性的多此一举。

有个故事是这样的：在太空计划的初期，美国国家航空航天局发现圆珠笔在失重的条件下无法书写。于是，航天局的科学家花了十年的时间和大量的金钱，开发了一种新的圆珠笔，不仅在零重力的条件下可以书写，而且几乎在任何表面、在极低的温度下，宇航员都可以任何姿势书写。而可笑之处在于：别的国家的人只用铅笔就做到了这一点。

格雷厄姆的价值投资体系就具有类似铅笔本身的简单实用的特点。

芒格认为，本杰明·格雷厄姆在开发其价值投资体系时设定得相对简单，易于理解和执行，因此对普通人来说非常有利用价值，格雷厄姆的价值投资体系不是主动投资或投机的必由之路。沃伦·巴菲特表示：

投资简单，但不容易。信奉格雷厄姆价值投资体系的投资者犯错的原因是人类在所难免的，比如，忘了格雷厄姆价值投资体系所固有的简单性，偏离了其体现的基本原则，在心理上或情绪上犯了与体系实施有关的错误。

芒格认为，在创建一个成功的投资流程方面，复杂性并不是投资者的朋友。投资是一种概率性活动，用很合理的方式做出的决定有时结果反而会很糟糕。即使有时决策者制订了完善的计划，并顺利实施，还会产生不利的后果。然而，从长远来看，把重点放在遵循正确的流程，而非任何具体的中间的结果，总归是明智的。

在公开讲话中，芒格总是说要将事情尽可能地简单化，但也不能过于简约，这是他一个永恒的演讲主题。在给股东的一封联名信中，芒格和巴菲特曾经写道，"通过让我们更好地理解正在做的事情，简单化是一种可以让我们提升业绩的方法。"

芒格认为，在决策和投资过程中专注寻找易者，避免难者，并且努力去除一切旁枝末节，有利于投资者做出更好的决策。通过"不理会愚蠢的念头"和"剔除不重要的事情"，能更好地选择为数不多的几件明智的事情"。专注既能使问题简单化，又能理清思路。这会带来更为实在的投资回报（见图 4-4）。

图 4-4　简化问题

芒格说道："我们有三个篮子，分别是'进入''退出'和'太难'……

我们必须对潜在的投资有特别的洞察力，否则，我们就会把它放入'太难'的篮子里（见图 4-5）。"

投资　　　　　不投资　　　　　放弃

图 4-5　芒格的三个池子

纵观芒格的投资历程，他就是通过设法避免做难做的事情（例如预测市场短期未来走势）而获得成功的。

只接"幸运区的棒球"

芒格把避免做难做的事情比喻为只接"幸运区的棒球"。

"幸运区的棒球"概念源自美国超级击球手威廉姆斯，对面飞过来的棒球实在太多，因此他把棒球的位置划分了 77 个单元，而只有那些落在"幸运区"的棒球才会得到他的注意。即便是要承担"三振出局"的风险，他也不会去接位置差的球，因为这会给自己的成功率造成实质的影响。

芒格将这种接球策略同投资方向结合起来，他说："市场中存在诸多投资项目，它们就像四面八方飞过来的棒球。如果你看到一颗球，却无法立即做出接与不接的决定，那么不妨选择让其在眼前流失，这时候，没有人会责怪你错过这颗球，你也不会因此出现损失，因为只有当你挥起棒打算接球却落空的时候，你才会面临出局。"

芒格说："所有的投资者都是手握棒球的接球员，想投资哪个项目便去击打哪个球。当然，这些球也分好球与坏球，接球员需要在极短的时间内敏锐地分辨出来。投资者没有必要去击打每个球，要做的就是去找出那个好球，然后果断地下重注。"

在 2019 年伯克希尔股东大会上，芒格说："我们之所以能成功，不是因为我们善于解决难题，而是因为我们善于远离难题。我们只是找简单的事做。我们赚钱靠的是记住浅显的，而不是掌握深奥的。我们从来不去试图成为非常聪明的人，而是持续地试图别变成蠢货，久而久之，我们这种人便能获得非常大的优势。"

4.5 固守自己的能力圈

> 巴菲特和我只看我们有核心竞争力的行
> 业和公司。每个人都要这样做。你的时
> 间和才能有限,必须聪明地加以分配。
>
> ——芒格

孔子曰:知之为知之,不知为不知,是知也。亚里士多德和苏格拉底也说过类似的话。自知之明是一个可以被教会或学会的技能吗?当然是可以学会的技能。

有些人非常擅长认清自己的知识边界,设想某位走钢丝的人,他走了 20 年还活着,正是因为他确切地知道自己能做什么和不能做什么,否则,他就无法以走钢丝为业而生存 20 年。他会非常勤勉地练习,因为他知道,一旦失误就会丧命。幸存者都懂这个道理。

了解自己的能力局限很有价值

芒格认为,超出自己能力圈的投资者很容易就会发现自己陷入了大麻烦之中。在能力圈之内,投资者的专业能力和知识会让他们在评估投资价值时占据优势，打败市场。风险资本投资者取胜的唯一途径就是知道自己擅长什么，不擅长什么，并坚持做擅长的事情。"

能力圈背后的理念非常简单，简单到让人几乎不好意思大声说出来：不知道自己不能做什么比清楚自己能做什么风险更大。这个道理很容易理解，不过，人类往往不按这个理念行事。

芒格曾经指出，即使是世界上最优秀的投资者，也会在互联网泡沫期间走到自己的能力圈之外。巴菲特和我只看我们有核心竞争力的行业和公司。每个人都要这样做。你的时间和才能有限，必须聪明地加以分配。

利用这种方法，芒格努力将其投资限制在自己有明显优势的领域，而不是一些略知皮毛的领域。为了说明这一点，他曾谈到一个案例，他说：此人设法垄断了鞋扣市场，这个市场真的很小，但他掌控了一切。在一个非常有限的市场领域赚取可观利润是有可能的，比如鞋扣市场，只不过他是能力圈非常狭小却取得成功的一个极端案例。

芒格说："如果投资者将自己的能力圈拓展得太大，那么就可能产生灾难性的后果。正确的决策必定限于你的能力圈之内，没有清晰边界的能力不能称为真正的能力。"

能力圈一旦确定，接下来的挑战就是不能逾越这些边界。留在能力圈之内显然在理论上不是什么难事，但在实践中，多数人难以做到。当投资者遇到能说会道的老练推销者时，更有可能出现失误。在这种情况下，情商就变得很重要了。

在金融史上，最大的诈骗案的主角都是一些讲故事的高手，人类喜欢听故事，因为故事能打消人们的怀疑。比如伯纳德·麦道夫和肯尼思·莱（安然公司创始人，因诈骗受到起诉）。故事会让人停止怀疑，可这种状态对任何人的投资思考过程都是一种阻碍。

太多的投资者将熟悉和能力混为一谈，例如，一个人乘坐飞机的次数很多，并不代表他非常了解航空业，更不意味着这个人可以成为该行业合格的投资者。同理，经常浏览网页也不会让你有能力投资互联网企业。总之，如果仅仅是使用某公司的产品或服务，而没有深入研究该公司的业务，你就不该投资那家公司。

对于能力圈的看法，巴菲特的观点和芒格的观点基本保持一致。

巴菲特曾经说过，了解自己能力圈的界限可能要比知道这个圈的大小更为重要，如果你只在某些点上有能力，那么即便只停留在那些点上，你也可以做得不错。

在巴菲特看来，内华达拉斯家具大卖场的首席执行官罗丝·布朗金就是属于那种知道如何守在自己能力圈范围内的人。巴菲特说道："如果你在她的能力圈之外两英寸的地方晃来晃去，她甚至连提都不会提起。她确切地知道自己擅长什么，也并不想在这些事上欺骗自己。"

投资者要持续地把精力放在避免犯错上。如果有人试图向你推销东西，而你很难做出决定，你就可以干脆拒绝。若你能找到容易的投资，为什么还要做不容易决策的投资呢？芒格只在他觉得有优势的时候投资。否则，他就什么都不想做，而多数人很难做到这一点。

界定自己的能力圈

对于每个人来说，什么才是自己的能力圈呢？芒格是这样认为的："我认为了解自己的能力并非难事。如果你的身高是 158 厘米，那你就别提打职业篮球的事了。如果你已经 92 岁高龄，就不要再期待担任好莱坞浪漫爱情片的主角了。如果你的体重达到 159 公斤，你就不可能在波修瓦芭蕾舞团担任首席舞者……能力是一个相对的概念。"

芒格和巴菲特都说，他们对于科技类企业的了解，不足以支持他们成为技术的投资者。他们觉得自己无法预测技术驱动型企业的所有盈余，对未来 5 年都无法预测，更别说几十年了。

巴菲特说："高科技行业的不确定性很高，加之创新的速度大大加快。如果公司所属的行业变化迅速，那么预测它们的长期经营状况就已经远远超出了我们能力的界限。"

芒格不愿意投资科技行业的原因还可以追溯到他年轻的时候，他曾经因为跨出自己的能力圈而遭受了损失。在其投资生涯初期，芒格收购了一家仪器制造公司，先是他的首席科学家被一位风险投资人挖走，之后，替代产品推向市场，使得该企业的经营状况雪上加霜。用芒格自己的话说，整个体验几乎使他"倾家荡产"，这段投资经历让他体会到投资科技企业的风险。

芒格说："巴菲特和我不觉得我们在高科技领域拥有较大优势。事实上，我们感觉在理解软件、电脑芯片等技术发展本质方面具有很大的劣势。所以，基于个人的不足，我们往往会对这些投资项目敬而远之。每个人都有一个能力圈。要扩大自己的能力圈非常困难。"

投资者需要做的就是寻找一个特别有优势的领域，并且持续地关注它。

4.6 如何成为伟大的投资者

> 如果你没有进行大量的阅读，你就不可能
> 成为一个广泛意义上的真正出色的投资人。
>
> ——芒格

到了晚年，芒格和巴菲特都进入了生命的另一个阶段，此时他们可以自由选择做自己喜欢的事情，关注那些既有意义而且自己也感兴趣的事情。

芒格和巴菲特都很喜欢对年轻人发表演说，他们认为年轻人孜孜不倦地在学习生活的真谛，有动力和时间去实现他们认为的重要事情。芒格为斯坦福大学和南加州大学的学生做了多次公开演讲，也应人们的要求向一些社会团体发表演说。

不过人们最关心的还是芒格和巴菲特的投资之道。他们最常被问及的一个问题是："你是如何成为伟大的投资者的？"

芒格用了大篇幅的语言回答了这个问题。

了解自己的天性

芒格说："想成为优秀的投资者，你必须了解自己的天性，每个人

都必须在考虑自己的边际效用和心理承受能力后才能开始加入投资游戏。亏损有时是不可避免的，如果亏损让你痛苦，那你就最好明智地毕生都选择一种非常保守的投资方式和储蓄方式。你必须将自己的天性融合到自己的投资策略中。我不认为自己可以给出一种普遍适用的投资策略。"

收集信息

要想成为优秀的投资者，就要多搜集信息。

芒格说："我大量地翻阅一期又一期的杂志，得到各种各样的商业经验，如果你在潜意识里养成一种习惯，把读到的东西和所证明的基本概念联系起来，渐渐地你就会累积起一些有关投资的智慧，这种方法是如此简单而有效。我相信巴菲特和我从优秀的商业类杂志中学到的比其他任何地方学到的都要多。"

"一个人的阅读范围不应该是随机的，你必须对自己为什么要搜集这些信息有一个概念。不要用所谓的科学方法来看年报，那样做的话你只是在搜集无穷无尽的数据，要很久才能弄明白这些数据的含义。你必须在开始之前就想好要了解哪些事实，然后判断所看到的数据是否符合基本概念。"

海量的阅读

芒格反复强调阅读的重要性。他说："我认为不可能仅仅通过阅读一本书就能获得投资智慧。如果你没有进行大量的阅读，你就不可能成为一个广泛意义上的真正出色的投资人。"

芒格说："人们希望找到一种通过阅读一本书就能变富的简单办法，

不过这种情况并不会发生。实际上，阅读 100 本商业传记比阅读 100 本其他方面的书更好。因为这样我们就可以理解 100 个不同的商业模式，进而明白企业在什么时候会遇到困难，以及它们该如何度过这种困难时期；我们也可以了解是什么使它们变得伟大，或者什么是它们的失败之源。同时我们能够感受到企业是否具有某种长期的竞争优势，这对于我们判断某家企业是否值得进行长期投资至关重要。"

芒格指出：只读商业书籍是不够的，我们还应该多学习一些会计学，这是商业领域的语言。此外，多学习一些经济学，以及一些关于中央银行学的课程，这使我们能够更好地了解美国联邦储备委员会（简称美联储）在救市方面的作用，大多数 MBA 课程在这方面都很欠缺。在寻找获利机会时，学识渊博会使我们处在比较有利的位置。不过，为了寻找一个好的投资标的，我们必须进行更多的阅读，比如每年要阅读两三百份财务报表，每天都要阅读《华尔街日报》。

每年在伯克希尔的年度股东大会上，芒格都会推荐一些阅读材料，覆盖面很广。其中包括：

《价值线》发布的投资价值表；《影响力》，这本书分析了人们是如何经过劝说买下商品或是做出其他投资行为的。芒格还推荐了罗伯特·哈格斯特朗的新书《沃伦·巴菲特的投资组合：掌握集中投资策略的力量》。

Chapter Five
第5章

企业的护城河

具有强大护城河的高成长企业具有强大的竞争优势，这样的企业股票即使估值高也值得购买，投资者不能只买那些市盈率、市净率低的股票，因为股价低、估值低，并不能保证投资者能够依靠它赚到钱。

5.1 先人一步识别护城河

> 预测从来不是我的强项，而且我也不
> 依靠准确的预测来赚钱，我们往往只
> 是买入好的公司，并一直持有。
>
> ——芒格

"护城河"最早是巴菲特提出的概念，1993 年巴菲特在致股东信中首次提出了"护城河"的概念，他在信中这样写道："最近几年可口可乐和吉列剃须刀在全球的市场份额实际上还在增加。它们的品牌威力、产品特性以及销售实力，赋予它们一种巨大的竞争优势，在它们的经济堡垒周围形成了一条护城河。"

一家企业的护城河就是这家企业通过合法的手段建立起来的竞争对手无法拥有的竞争优势。通过这些竞争优势，企业可以在一定时间范围内获取高于竞争对手的经济回报。如果这些竞争优势能够持续的时间越长、带来的经济回报越高，则该企业的护城河越宽。

芒格和巴菲特投资了可口可乐、美国运通、吉列、富国银行等公司，因为这些企业拥有宽阔的护城河。

买护城河而非建护城河

芒格和巴菲特曾说过，获得护城河的三个维度有：创建一条护城河，识别其他人创建的护城河，以及识别已经拥有但还未展露护城河的创业公司。

商业本质上就是一个构建护城河的过程，即便是卖烧烤的小餐馆也有自己的护城河。随着时间的推移，资本回报明显大于其机会成本的公司就拥有护城河。

芒格和巴菲特的睿智在于能够先人一步识别其他人创建的护城河。

芒格说道，在护城河这件事上，他和巴菲特靠买而不靠建，因为他们并不特别擅长建设。芒格要求被投资的企业除了要有护城河，还应该配备一支优秀的管理团队。

对于买护城河而不是建护城河的投资者来说，护城河的存在特别有价值，拥有护城河的企业，即使管理人才不如预期的那般理想，或是遭遇管理人员离职，公司往往还是可以在财务上支撑下去。

未被利用的护城河

对于想收购某家企业的投资者来说，如果企业目前的所有者没能充分利用现有的护城河，就意味着这项投资有利可图。

从喜诗糖果的案例开始，芒格和巴菲特认识到，当企业拥有牢固的护城河时，企业可以提高价格，以提高盈利能力。芒格将这种提高价格而不会导致销售显著下降的能力称为"定价权"。

芒格说道："一生之中有那么几次机会，你会发现确实存在这样的企业：经营者只需要提高商品价格，就能极大地提高回报率，可见经营者掌握巨大的定价权，却未加利用。"

"我们投资可口可乐公司也是因为它有一些定价权未被利用。当然，可口可乐的管理团队也很出色。所以，郭思达（时任可口可乐首席执行官）和基奥（时任可口可乐总裁）这对组合所能做的远不只是提高价格，这非常完美。"

"收购喜诗糖果前，我们发现，喜诗糖果拥有未加利用的定价权，这能让它非常显著地增加财务回报。在购买了喜诗糖果后，我们只是定期提高产品价格，而消费者似乎并不介意。"

"收购喜诗糖果后，巴菲特和我仅仅提高了喜诗糖果的价格，赚钱速度就比其他厂家稍微快了一些。"

"同样，迪士尼发现即使它们把门票价格提高一大截，游客数量也依旧居高不下。所以，艾斯纳（时任迪士尼公司首席执行官）和威尔斯（时任迪士尼公司总裁）有很多极好的业绩纪录，仅仅是因为提高了迪士尼乐园和迪士尼世界的门票价格，还有就是扩大了经典动画电影的录影带的销售。"

5.2 护城河的构成

> 在投资喜诗糖果公司的时候，我们并没有意识
> 到一个好品牌的力量。后来，我们发现这家公
> 司每年提价10%，而没有顾客会在意。这个发
> 现也改变了伯克希尔公司。这真的非常重要。
>
> ——芒格

芒格和巴菲特认为，规模经济、品牌、监管、专利和知识产权等因素共同构筑了企业的护城河。

规模经济

如果一家公司的平均成本随着生产或者服务规模的扩大而下降，这就是规模经济（也称"网络效应"）。早期芒格和巴菲特投资沃尔玛公司时，认为沃尔玛就是一家得益于规模经济的典型企业。在芒格看来，借助在分销和其他系统方面的投资，沃尔玛已经拥有巨大的规模经济。

芒格认为，铁路公司无疑具有规模经济方面所构建的护城河，铁路公司因此很难遇到新的竞争者。甚至如果因为美国政府对基础设施的投

资不足，导致公路状况恶化，铁路公司将会更有价值。

在芒格和巴菲特的一系列投资案例中，规模经济成为其收购的主导因素。

1983 年，巴菲特以 5500 万美元收购内布拉斯加家具店 90% 的股权。

内布拉斯加家具店的创始人名叫罗斯·格里克·布鲁姆金，大家都叫她 B 夫人。1937 年 B 夫人借来 500 美元在地下室开了一个家具店，生意火爆，从此在奥马哈家喻户晓。到 1980 年，B 夫人和她儿子已经将内布拉斯加家具店打造成了美国最大的家居城，面积约 1.2 万平方米。

宜家在全球有 360 多家门店，2015 财年其销售额约 345 亿美元，平均每家店为 0.96 亿美元；而在 2015 年，内布拉斯加家居城在全美有 4 家店，平均每家店的年营收超过 4.5 亿美元。

从收购内布拉斯加家居城的案例中芒格学到：若身为行业龙头的企业的规模足够大且客户群关系足够紧密，则潜在竞争者和市场的准入成本就会非常高。企业规模和市场主导地位可以让企业形成独有的持久性竞争优势。

芒格和巴菲特认为伊斯卡具备这样的规模优势，他们便收购了伊斯卡。伊斯卡是伯克希尔公司在美国境外收购的第一家公司。

伊斯卡的总部在以色列，是一家世界闻名的精密金属切削工具供应商，也是该行业的龙头企业。2006 年，伯克希尔出资 40 亿美元购入该公司 80% 的股份，随后在 2013 年又出资 20 亿美元将剩余的 20% 的股份全部买入。自此之后，伊斯卡以令人惊愕的速度持续发展，到如今已是世界上最大的金属切削刀具生产厂家之一，而伊斯卡也成了伯克希尔公司的主要子公司之一。

在 2012 年的致股东信中，巴菲特将伊斯卡描述为伯克希尔在保险业务以外最赚钱的五家公司之一。

当产品或服务因为更多的人使用变得有价值时，规模经济就产生了。亚马逊、美国运通、易贝、推特、脸书等公司，皆有各自的规模经济。

以美国运通为例，接受运通卡的商家越多，该服务的价值就越大，而使用它的人越多，对商家来说该服务也就越有价值。

亚马逊公司既有需求侧规模经济，又有供给侧规模经济，并且彼此相辅相成。由于需求侧经济的影响，在亚马逊网站上发表评论的人越多，它对其他用户的价值就越大。在供给侧，亚马逊拥有巨大的仓储和供应链优势。

有时候网络效应存在，但市场较小，因为它是一个小众的细分市场。所以，有些网络效应影响强烈，有些影响相对较弱。

当然，大公司并非总是赢家，规模大的缺陷是显而易见的，企业变大之后，就会出现官僚机构的作风、敷衍塞责的情况、腐败、内部的激励机制失灵等弊端。相反，规模小有时意味着专业化程度高、效率高等优势。

芒格说："在规模大的企业里，如果我管一个部门，你管一个部门，我们都有权力处理这件事，那么就会出现一种潜规则：如果你不找我的麻烦，我也不会找你的麻烦，这样我们都高兴。于是就出现了多重管理层，以及不必要的成本，任何事情都要花很长时间才能办成。管理层反应迟钝，做不了决定，头脑灵活的人只能围着他们打转。"

官僚作风很可怕，随着企业变得非常庞大和有影响力，可能会出现一些失控的行为。看看西屋电器就知道了，他们愚蠢地放出几十亿美元的贷款给房地产开发商，这是以己之短攻人之长。没隔多久，西屋电器就把几十亿美元输光了。这绝对不是唯一的例子。企业高层严重失控的情况是很普遍的。

所以企业始终在两种力量之间无休无止地斗争，一边是获得规模优势，另一边企业机构会变得臃肿，人浮于事（见图5-1）。

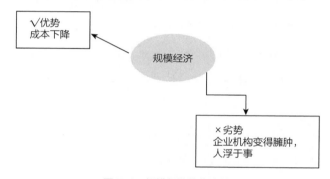

图5-1　规模经济的优劣势

品牌

企业具有品牌，并不意味着就具有护城河，只有那些具有定价权的品牌，才可以为企业带来护城河。

例如苹果公司的iPhone、Mac和iPad等产品，其售价就要高出市场上的同类产品。虽然其产品的制造成本比同类产品高，但相比同类产品之间的成本差异，它们的售价差异则更大。这就是品牌赋予苹果公司的一条宽阔的护城河。

在说到品牌力量的时候,芒格和巴菲特经常会提到箭牌和喜诗糖果,认为它们是创建了坚固护城河的品牌。

芒格说："品牌的信息优势难以撼动，如果我去某个偏远之地，可能会看到在格罗兹口香糖旁边摆着箭牌口香糖。我知道箭牌口香糖是一款令人满意的产品，而我对格罗兹口香糖却一无所知。所以如果箭牌口香糖卖 40 美分，另一个口香糖卖 30 美分，我会为了区区 10 美分去买我不熟悉的东西，并把它放进我的嘴里吗？毕竟嘴是一个非常私人的地方。因此，实际上，箭牌只是因为众所周知而拥有了规模优势，我们也可以称之为信息优势。"

"喜诗糖果是具有品牌护城河的企业，例如，如果你生长于经常购买喜诗糖果的家庭（大多位于美国西海岸，特别是加利福尼亚州），该糖果带给你的都是非常愉悦的体验，那么即便多花钱，你也愿意购买喜诗品牌的盒装糖果。相比之下，在美国东海岸长大的人，就不会觉得该品牌有多大价值，因为他们没有相同的体验。"

"因此，喜诗糖果公司卖的不只是食物，更是一种体验。因为盒装糖果在节假日期间的销量最大，所以公司的财务业绩一直起伏不定。一年之内，喜诗糖果有两个季度是亏损的，所有的利润都是在其他两个季度的三个节假日前后赚取的。"

对于芒格和巴菲特来说，要确定品牌护城河是否有足够的宽度，很重要的一个标准就是看竞争对手能否复制或削弱该护城河。

巴菲特在 2012 年伯克希尔公司的年会上谈到可口可乐时说过这样的话："即使你给我 100 亿、200 亿，甚至 300 亿美元，让我击垮可口可乐，我也做不到。"这体现出可口可乐是具有宽阔的护城河的品牌。

耐克和宝马都是这样的品牌，有能够维护企业的护城河，这样的品牌得之不易，但一旦拥有，就价值非凡。

芒格说："品牌不会自赋优势，只有提高了消费者的支付意愿，或减少了商品或服务的供给成本，品牌的价值才会增加。"

当然，品牌的影响力会随着时间的流逝而减弱。例如，有些厂家在超市的货架上摆放奢侈品，这将有损该奢侈品牌在某类消费者心中的地位。如果过多地将品牌授予他人使用，也会对其造成伤害。

监管

某些企业已经把监管打造成为一种盈利能力，其能力的强大程度实际上已经起到了护城河的作用。监管最终保护的往往是现有的生产者，而不是消费者。大量的行业协会已经能够利用监管来限制本行业的供给。

在美国，债券评级行业是一个需要经过诸多官方审核程序后方能获得经营权的行业，因此行业处于寡头市场格局，其"投资者服务"业务的利润率超过50%。

为发行债券，监管会要求发行人获得为数不多的几家债券评级公司的意见，这意味着像穆迪、标准普尔和惠誉国际这样的评级公司也拥有护城河。若监管消失，形势很快就会表明，监管的存在就是影响该行业获利能力的主要因素。

专利和知识产权

专利是通过法律的手段，给予一家公司独占一项技术的权利。对于拥有核心技术专利的公司，其产品可以以很高的价格出售，拥有极高的毛利，进而获得超额利润。

实际上，某些公司一旦获得了专利、商标或其他类型的知识产权，就相当于得到了合法的垄断权力。这种市场准入壁垒可以为知识产权所有者创建一条坚固的护城河，不管你是否认为这些公司的专利被授予得太多，或授予方式不甚恰当。

关于知识产权的价值，芒格曾经说过："年轻的时候，我认为投入专利的钱要比因为专利赚的钱更多。事实上，现在人们开始因拥有专利而大获其利。商标和特许经营权带来的利益向来是令人满意的，商标总能让人财源滚滚。如果商标制度能够广为人知，那对大企业来说简直是太好了。"

让芒格认识到知识产权价值的一个投资案例是路博润公司，它是美国一家润滑油添加剂公司，由于专利权方面的优势而受到芒格的青睐。巴菲特起初对这家公司一无所知，最终他被芒格说服了，收购了路博润。

巴菲特认为："我确定路博润存在体量巨大的护城河，它们拥有大量的专利，且与消费者联系紧密。"

芒格确信，路润博拥有的 1600 多项专利会给公司带来"持久的竞争优势"。

让芒格认识到知识产权价值的另一个投资案例发生在 20 世纪 70 年代，当时的拉塞尔·斯托福糖果开始在喜诗糖果所在的地盘上开店，并且拉塞尔·斯托福的门店在外观设计上跟喜诗糖果也非常相似。

芒格通过主张知识产权，与拉塞尔·斯托福公司达成一项协议，阻止它继续开设类似的门店。

相对而言，在科技行业中具有专利性质的企业比较常见，比如美国高通公司（简称"高通"），它是全球领先的高科技通信企业，全球最大的移动芯片供应商，CDMA 技术商用化的先驱。

在智能手机普及以后，高通依靠在通信行业的各种专利获取了高额的利润，无论是苹果还是三星，小米还是华为，每卖出一部手机，都需要向高通缴纳一笔专利费。

比如在中国市场，根据高通协议，对于面向在中国销售使用的手机终端，高通对 3G 设备收取 5%、对不执行 CDMA 或 WCDMA 网络协议的 4G 设备收取 3.5% 的专利费。

高通收取的专利费并不是基于所提供芯片价格的基础之上，而是基于整机，即每一种专利费的收费基础是设备销售净价的 65%。这意味着，如果我们在手机上镶嵌了一块宝石，高通也会按照一定比例收取宝石价格的费用。这就是专利给高通构建的护城河，有了这条护城河，高通甚至可以躺着挣钱。

若在某个合理期间，公司能一直维持良好的盈利能力，那么它就是拥有牢固的护城河的公司。如果公司的投入资本回报率（ROIC）和资金机会成本之差是正值，而且能够长久保持较大的数值，那么其拥有的护城河就是相对牢固的（见图 5-2）。

图 5-2　护城河的构成

5.3 企业护城河的瓦解

> 即使是最好的银行业也可能随波逐流，
> 犯一些愚蠢的错误。
>
> ——芒格

投资者如果只是寻找拥有护城河的企业，等着以合理的价位进行市场交易，并且期盼着凭借它们的竞争优势坐享其成，那么投资也未免过于简单了一些。

即便是最优秀的公司也可能发生竞争导致的护城河萎缩，甚至消失。

芒格曾经谈到，在通常情况下，你会看到某企业的业绩好到让人难以置信。问题是：它能持续多长时间？我知道只有一种方式能够回答这个问题，那就是好好想想该企业为何能够实现这样的成绩，然后搞清楚什么原因会让这些业绩不再出现。

比如，由于规模经济和公共交通的便捷，位于市中心的百货公司曾经具备很牢固的护城河。然而，由于汽车的价格变得便宜，加之许多人迁移到没有购物中心的郊区居住，人们的生活方式开始发生变化。亚马逊网站在零售业异军突起，进一步摧毁了各类百货公司的护城河，无论这些百货公司在市区还是郊区，无一幸免。

现实世界永远在变化，所以护城河也同样面临着变化，也同样面临减弱，甚至被击破的可能性。护城河的损毁速度因企业的不同而互有差异，而且不是固定不变的。

假如我们能尽早发觉竞争优势出现衰退的企业或者行业，那么就可以在其出现衰退之前就提前做好退出的准备，以减少失败投资带来的损失，或者提前锁定投资的收益。

护城河的持久非常重要，今天有护城河，明天又失去了，芒格和巴菲特都希望避开这样的企业。有些企业的护城河会随着时间流逝逐渐衰败，有些则是极快地衰败。

失去护城河的企业面临着艰巨的挑战。一旦某个反馈转变为消极回路，任何企业都很难使其恢复正常。同样能够快速地拆毁一家企业的护城河的，恰恰是一开始创建护城河的因素。

芒格和巴菲特根据投资经验，大致总结出以下两种因素可以使企业的护城河遭到破坏（见图 5-3）。

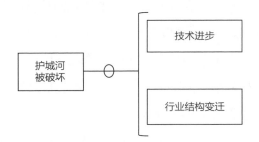

图 5-3　护城河遭到破坏的两种因素

技术进步

由于技术和信息传播方式的进步，护城河的损毁速度会越来越快，对于有些公司来说，这种加速会让它们迷失方向。例如柯达或北电网络这样的公司，其失去护城河的速度让许多投资者震惊不已。

新技术的产生会带来社会和行业大变革，前几轮工业革命中的蒸汽机、电气和 IT 行业改变了人们的生存环境和社会发展轨迹，由此可见技术变革是瓦解企业护城河的最强因素。

报纸是一个很好的行业案例，它曾经拥有极宽阔的护城河，但现在正在消失。报纸行业的不幸在于，技术变革以非常剧烈的方式拆毁了它们的护城河。芒格比许多人更早地看到了这种恶化，这很可能是因为伯克希尔公司也投资过报业，如《华盛顿邮报》和《布法罗新闻报》。

实际上，因为没有适应技术变革而导致企业落伍的例子比比皆是，比如在传统胶卷市场中如日中天的柯达公司，到了数字技术时代却不得不为生存苦苦挣扎，最终人们看到了故事的结局：柯达公司最终申请破产，传统的胶卷行业终被数字技术所完全替代。尤其是当手机已经普及数字摄影的功能之后，胶片技术再也不具备行业竞争优势。同样，与柯达公司类似，一些胶片公司都经历了这样一个企业护城河瓦解的过程。

除了胶片行业以外，网络社交平台也瓦解了长途电话行业的护城河。越来越多的用户开始使用网络聊天软件进行语音通话。技术上的革新对于长途电话运营商来讲，无疑是减少了巨大的现金流来源，因此也造就了新一代的互联网巨头。

由此可见，技术变革的优胜者往往是建立新护城河的创立者，相对的，技术变革中的失败者将会被市场所淘汰。所以，投资者需要观察的是到底哪一方获得了竞争的胜局。甚至要在变革开始初期就能够有所察觉。

行业结构变迁

决定一个企业的盈利能力的根本因素是行业的吸引力，行业结构指行业内部各参与者的特性及议价能力。正如技术变革会破坏企业的护城河一样，行业结构的变迁同样会给企业的竞争优势带来强烈的冲击，甚至会使企业的护城河彻底瓦解。

因此，投资者应当警惕行业结构中的种种变化。

纵观市场中各个行业结构的变迁，也能够窥探出行业结构变化对于企业竞争优势的影响。例如，沃尔玛等相关大型连锁零售商的出现，使得早期的一些百货店和五金店迅速败落，尽管很多百货商店与杂货店最初也具有巨大的品牌效应。

21世纪电商崛起，如同当年的沃尔玛超市代替小型百货商店一般，电商颠覆了传统零售模式。电商巨头亚马逊、阿里巴巴将传统零售商节节逼退，不断有零售商因为业绩下滑而倒闭关门。

芒格和巴菲特曾承认当年投资沃尔玛之后，目睹以亚马逊为首的电商行业崛起时，没有及时投资而深感后悔。

由此可见，行业结构上的更替，会强势摧毁原本坚固的企业护城河。因此，对于行业和社会变迁而带来的企业竞争优势的变化，人们必须保持高度警惕，毕竟"三十年河东，三十年河西"，行业结构的更替会使社会发生巨变。

许多企业的护城河起初看起来十分宽大，但是会很快地萎缩，如果一个企业的护城河连两年都坚持不到，说明这个企业的经营风险巨大，如果支持数据能够达到5年，则会让投资者对护城河的持久性更有把握。

第三部分 /

芒格的人生智慧

——

▲

03

Chapter Six

第 6 章

格栅模型与普世智慧

芒格告诉我们，将不同学科的思维模式联系起来建立起融会贯通的格栅模型，是投资成功的最佳决策模式。用不同学科的思维模式思考同一个投资问题，如果能得出相同的结论，可证明这样的投资决策更正确。

6.1 格栅模型

> 你必须了解重要学科中的重要概念，并经常使用
> 它们，要全部使用，而不是仅使用少数几个概念。
> 多数人只接受一种模型的训练，并试图用一种方
> 法解决所有问题，这是处理问题的笨办法，就像
> 在手握锤子的人眼里，万事万物都像是钉子。
>
> ——芒格

在投资活动和生活当中，芒格都采用一种被他称为"格栅模型"的方法进行决策。格栅的比喻是芒格精心选择的，它要传达的意思是：获得普世智慧所需的多种模型必须相互连接在一起。

芒格这么解释格栅模型：很多学科都有自己的模型，比如心理学、历史、数学、物理、哲学、生物学等，借助不同学科的一系列模型，经过综合学习及融会贯通，形成一个综合模型，这要比几个部分拼凑起来更有价值。

每个学科相互交织，并在此过程中彼此强化，善于思考的人会从各个学科中汲取重要的心智模式，这些核心理念结合起来就会形成综合性的理解。培养出此类宽阔视野的人也因此走上了获得普世智慧的坦途。

芒格说道："你的脑子里不仅要有格栅模型，还要把你的经验分门别类地排布到这个格栅模型中，不管这些经验是间接获得的，还是直接获得的（见图6-1）。"

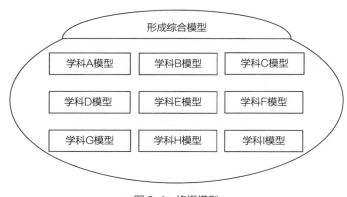

图6-1　格栅模型

没有人可以通晓一切，但你可以设法从基本面上了解每门学科中那些重大且重要的模型，这样它们就能够共同为决策过程增加价值。简单地说，芒格认为，那些思路宽广并能理解不同学科中许多不同模型的人，会做出更好的决策，少犯错误，因此能够成为更优秀的投资者。

对于投资而言，格栅模型的最大好处在于，利用多个学科的知识、概念和模型，帮助投资者重复检查投资决策，并对投资流程反复检查，格栅模型其实是让投资者做到尽量不犯错。

心智模式格栅

在发展其普世智慧方法的时候，芒格使用的是他所谓的"心智模式格栅"。

对于普世智慧这个概念，芒格是这样描述的：何谓基本的普世智慧，

第一条法则是：如果你只是记住一些孤立的事实，并试着一字不差地复述，你就不可能完全了解它们。如果这些事实不能以某种理论框架为依托，形成完整的概念，你就无法利用它们。

为了更好地加以说明普世智慧，芒格举了一个企业的例子，一家企业提高了其产品价格，产品销量却更好，这似乎违背经济学中的供求规律。不过，若从心理学的角度考虑，就会得出这是吉芬商品。

吉芬商品是 19 世纪英国经济学家罗伯特·吉芬对爱尔兰的土豆销售情况进行研究时定义的，即这类商品涨价之后，人们反而想要更多，或得出这样的结论：购买者认为低价意味着质量差，而涨价意味着质量上升，从而导致销量增加。从另一个视角来看，这是激励导致的偏差，而本例的实际情况是，卖方收买了买家的采购代理。

透过这个案例，芒格想说明：你必须拥有多元思维模型，因为如果你只能使用一两个模型，研究人性的心理学表明，你将会扭曲现实。

芒格说："投资者必须在头脑中拥有一些思维模型，依靠这些模型组成的框架来安排经验，包括间接获得的经验和直接获得的经验。

在处理涉及人或社会体系的事物时，即便只是近似正确的多模型方法也能产生更好的结果。在解释心智模式格栅时，有些观察者指出，芒格为那些倡导宽泛的人文学科教育的人提供了支持。

用多学科处理问题

有的人确实很聪明，却倾注全部时间变为一个细分领域的专家，这可能使自己和他人误入歧途。对于渴望变得聪明的人来说，开阔自己的思维并且向他人学习尤为重要。

芒格指出：很多的专业人士往往只思考自己的学科知识，认为不管干什么，他们都能解决所有的问题。比如营养学家会觉得他们似乎可以治愈任何疾病，脊椎按摩师可能认为他们可以治愈癌症。

有的经济学专家研究宏观经济，自己却在投资组合方面损失惨重。有的营销专家认为，企业问题都可以通过营销思维来解决。金融学者在看待自己的专业时往往也抱有类似的想法。大多数的人认为自己的专业是解决问题的关键，其他的专业并不是那么重要。

芒格认为，处理问题的最好途径，就是采用多学科的方法。在重要的学科领域掌握有价值的想法，并经常加以使用。注意要综合起来使用，而不是仅仅利用其中某一部分。

由于事物之间是普遍联系的，基于许多学科的宽泛思维会让你成为更出色的思考者。生活只不过是一个又一个关联。所以，你必须拥有多个模型，必须看到这些模型的关联性以及这种关联性的影响。

芒格说道："了解生物学、心理学、化学、物理学、历史、哲学或工程学，会让你成为更出色的投资者。"

芒格毕业于哈佛大学法学院，并在加州理工学院攻读过气象学，博览心理学、经济学和历史学等学科书籍，他认为这些知识都对他的投资决策有潜移默化的帮助。

通过对心理学的了解，他领会了可口可乐这样的产品是如何抓住消费者心理的，从而将其当作长期的投资候选对象。

在2007-2009年的金融危机期间，芒格通过研究银行的业务得知，如果美联储接管银行，实际上就等于它成了众多银行的所有者，而这将从根本上剥夺所有股东的权益。并使大量投资者逃离银行，从而导致信誉良好的银行也不可能筹集到新的权益资本。他明白，这是美联储所不愿意看到的，而最安全、最合理的选择路径就是以购买优先股的方式向有问题的银行注资。优先股是资产负债表上以权益形式体现的一种负债，它不会导致股东的所有者权益被稀释。

2008 年，因为担心美联储将接管银行，银行股遭到重创。芒格根据以上分析，以 8.58 美元的价格持续买入富国银行。

如果从未研究美联储的运作模式，他或许会和大批胆战心惊的投资者一样抛售股票，而不是抓住这次千载难逢的盈利机会。

芒格说："这个世界是由许多不断互相影响的复杂体系组成的。你获得一个复杂的体系，它能够喷涌出一大堆美妙的数字，使你能够用以衡量某些因素。但也存在其他极为重要的因素，然而你却无法赋予这些因素以准确的数字。你知道它们很重要，但你却给不出数字。所以，实际上，每个人都在过度重视那些可以量化的东西，因为它们适用于他们所学的统计方法，并且不会与那些可能更重要却难以测量的东西混为一谈。这是一个我一生都在极力避免的错误，而且我对这样做毫不后悔。"

6.2 投资者思维模型清单

> 如果你们只是记得一些孤立的事物，试图把它们
> 硬凑起来，那么就无法真正地理解任何东西。
>
> ——芒格

芒格说："掌握八九十个思维模型差不多能让你成为拥有普世智慧的人。而在这八九十个模型里面，非常重要的只有几个。这些模型必须来自不同的学科——因为你们不可能在一个小小的院系里面发现人世间全部的智慧。所以你必须拥有横跨许多学科的模型。"

对于普通投资者而言，以下几个模型和技巧是投资者必须拥有的基础知识，有了这样的基础知识之后，投资者才能够精通投资这门艺术。

数学

投资者首先要掌握的是数学，投资者必须能够处理数字和数量问题，也就是基本的数学问题，包含复利原理、排列组合原理。

芒格说："排列组合原理是一个非常有用的思维模型，掌握它并不难，真正困难的是你在日常生活中习惯于几乎每天都应用它。如果你不能把基

础数学概率方法变成生活的一部分，等于将巨大的优势拱手送给了他人。"

"你们必须掌握这种非常基础的数学知识，并在生活中经常使用它。就好比你们想成为高尔夫球员，就不能使用长期练习养成的挥杆习惯，而必须掌握一种不同的抓杆和挥杆方法，这样才能把打高尔夫的潜力全部发挥出来。"

在哈佛商学院，所有一年级学生都必须学习定量分析方法，也就是所谓的"决策树理论"，他们所做的只是把高中代数拿过来，用它来解决现实生活中的问题。

芒格认为，巴菲特的巨大优势之一就是他能够自动地根据决策树理论和基本的排列组合原理来思考问题。

会计学

芒格建议投资者应该掌握会计学。芒格说："会计学是从事商业活动的语言，它是对人类文明的一大贡献，复式记账法是一种了不起的发明，而且它也并不难理解。"

芒格认为投资者必须对会计学有足够的理解，才能明白它的局限，会计学虽然是（商业活动的）出发点，但它只是一种粗略的估算，要明白它的局限不是很难。

例如，每个人都知道自己能大概估算出一架喷气式飞机或者其他东西的使用寿命。可是光用漂亮的数字来表达折旧率，并不意味着对实际情况有真正的了解。

芒格说："投资者必须了解会计学的局限，虽然它是一个起步点，但它仅能反映近似值。"

心理学

如果投资者想拥有普世的智慧，心理学是非常重要的思维模型。芒格认为，心理学是极其重要、有用且最具实践价值的思维模型。

心理学的基础部分是误判心理学，人类的大脑拥有巨大的力量，然而它也经常出问题，做出各种错误的判断，它还使人们极其容易受其他人操控，若是受到足够高明的心理操控，人类会做出各种匪夷所思的事情。

认知是一个人对某一事物的认识和了解，人脑接受外界输入的信息，经过头脑的加工处理，转换成内在的心理活动，进而支配人的行为，这个过程就是信息加工的过程，也就是认知过程，它包括感觉、知觉、记忆、思维、想象和语言等。

芒格说："人类的感知功能和认知功能有缺陷，有时候会短路，非常容易被误导，认知比感知功能更加容易受误导。"

"有些别有用心的人懂得利用感知功能的缺点让你的大脑以某种错误方式运转，使你看到根本不存在的东西。有的人像魔术师那样有意地操控你，让你发生认知错乱。"

"一个使用工具的人应该了解它的局限，同样的道理，因为人类的认知和感知功能存在局限性，把握这些局限性，就可以操控和激励别人。有些聪明绝顶的人由于忽略了它而犯下了非常神经质的错误。"

微观经济学

经济学被分为两大领域：微观经济学和宏观经济学。微观经济学研究的是企业如何做出决策，以及它们如何在特定市场上相互交易。

宏观经济学研究的是整体经济现象。微观经济学与宏观经济学密切相关，但仍有所不同，这是因为它们强调不同的问题，且各有各的模型。

芒格把微观经济学称为不太可靠的人类智慧，虽然不靠谱但是很有趣，它不仅可以帮助投资者正确地理解宏观经济学，而且是个"练杂耍"的好地方。

他认为，过于强调宏观经济学而对微观经济学重视不足是错误的思维方式，就像不懂解剖学和化学而试图去掌握医学是完全不可行的。

芒格认为，把自由的市场经济或者部分自由的市场经济当作某种生态系统是很有用的思维方式。

很多人不愿把经济想成一种生态系统。但实际上，经济确实很像生态系统，它们之间有很多相似之处。

跟生态系统的情况一样，动物在合适生长的地方能够繁衍，有特定专长的人能够在某些特定领域中做得特别好，同样地，在商业世界中专注于某个领域，并且由于专注而变得非常优秀的人，往往能够得到良好的经济回报，而这种经济回报他们无法以其他方式获得。

将微观经济学引入分析规模优势时，就接近投资分析了，因为规模优势在商业的成败中扮演了至关重要的角色。

6.3 普遍性原理

> 现代教育理论认为，在进行专业学习之前，需要
> 通识教育。我认为，在某种程度上，在成为一名
> 出色的投资者之前，同样需要一些通识知识。
>
> ——芒格

芒格在漫长的投资生涯中，学习并总结了各种各样的非常简单的普遍性原理，这也是他的格栅模型的重要组成部分。

第一个普遍性原理是指最好先决定那些最不费脑筋的事情，以使问题简单化。

第二个普遍性原理是模仿伽利略的结论，任何符合科学规律的事实，只能通过数学来揭示。伽利略的这种看法在当今纷繁复杂的现实生活中仍然很有效。如果大多数人在生活中没有对数学的应用，那么他就像是在用独腿走路一样。

第三个普遍性原理是指思考问题仅仅想到将来是不够的，你必须同时运用逆向思维。事实上，很多问题不能仅以未来作为标准来加以解决，这恰恰应验了伟大的数学家卡尔·雅各布经常说的一句话：运用逆向思维，要经常反向思考问题。这就是为什么古希腊哲学家毕达哥拉斯运用

反证法来证明 2 的平方根是无理数的原因了。

　　第四个普遍性原理是指最好而又最实用的智慧，就是大学里教授的那些最基本的理论。但是，运用这些基本理论有个前提：你必须以一种多学科的方式进行思考，运用所有大学新生应学习的各科基础课程中简单易学的概念。当你掌握了这些基本的概念，你想要解决的问题就不会受到限制。

　　大学划分成不同的学科，商业性机构分成不同的部门，这类划分具有局限性，取而代之的是，规避这种局限性的最好方法就是使用多学科的思维方法。

　　第五个普遍性原理是指往往只有多种因素的组合才能产生巨大的效应。打个比方，治疗结核病的药方正是将三种不同的药物按比例混合而成，尽管这三种药物早已存在，但将它们组合在一起治疗结核病的药方却过了很长一段时间才被发现。还有其他一些由于多种因素组合而产生巨大效应的例子，比如飞机的起飞也遵循着同样的模式。

多领域学习

> 人不可能在一个小的学科体系中发现世界上所有的
> 智慧。这就是为什么在普通人眼里，诗歌教授整体而
> 言没那么聪明，因为他们的头脑中没有足够的模型。
>
> ——芒格

芒格学识渊博，对很多事情略知一二，而不是对极少的事情所知甚多。

比尔·盖茨评价芒格："芒格确实是我遇到的最博学的思想家。"巴菲特则认为："芒格有世界上最厉害的 30 秒思维。他的思维一下就能从 A 蹦到 Z。甚至你的话还没讲完，他就看清了事物的本质。"

芒格可以讨论达尔文的进化论、爱因斯坦的相对论、白芝浩 1873 年关于央行的论述、牛顿和莱布尼茨在微积分方面的发展、史蒂格姆有关货币市场方面的大量著作、马奎斯和杰姆斯关于美国银行的历史著作、奥本海默与泰勒在氢弹方面的争论、威尔逊提出的生物社会学理论等。在一些特殊场合，他甚至可以引用马克·吐温和康德的名言。

芒格的演讲和文章充满了不同时代不同领域的伟人思想。在日程安排上，芒格坚持每天留出大块时间用于阅读。巴菲特说，芒格读过几百本传记。在追求普世智慧方面，他有着坚定的目标，不喜欢自己的日程被

工作和会议填满。"你几乎找不到跟我们一样的两个合作伙伴，每天都拿出好几个小时用于读书。"巴菲特说，"我们的工作其实就是搜罗越来越多的事实和信息，并时不时地看看哪些事实和信息会引发某些行动。"

芒格热爱学习，他乐在其中，这使得投资过程也变得充满乐趣，这一点很重要，因为很多人并不觉得投资有什么乐趣。

赌博使很多人产生快感，即便它是一项净现值为负数的活动，因为赌博可以使人脑产生某些化学物质如多巴胺。芒格所做的是采用普世智慧，使得他能在净现值为正数的活动中获得同样的化学物质，从而激励他去做一名成功投资者需要做的事情。

芒格说道："我不断看到这样的情况，生活中那些发迹的人并非是最聪明的人，有时候甚至不是最勤奋的人，但他们都是学习机器。每天晚上睡觉的时候，他们会比当天早晨起床的时候更聪明一点儿，这对他们的进化成长确实有帮助，所以，如果说文明只可凭借一种先进的方法不断进步，那就一定是学会学习方法，在我漫长的人生当中，没有什么是比不断学习对我更有帮助的事情了。"

"我终其一生不断地实践多学科的方法，因为不实践我就会失去它。我不知道该如何向你们形容它让我的生活变得多么美好。它让我的生活有了很多乐趣，它让我更积极，让我有更好的能力去帮助他人，并且让我极其富有。凡是你能想到的，这种态度都会对其有所帮助。"

6.5 从错误中学习

你可以学着比其他人少犯错误，以
及在犯错后如何更快地弥补过失。

——芒格

作为普世智慧生活方式的一部分，芒格比较关注从错误中学习。投资时，芒格会尽最大可能去了解企业，他往往会通过直接参与其中获得第一手资料，有时也通过成功或犯错获得经验。

芒格和巴菲特都承认他们在投资过程中犯过很多错误。

在巴菲特看来，伯克希尔公司在 20 世纪 60 年代购买新英格兰纺织厂在某种程度上就是一个错误，那是一家绩效很差的企业，不值得注入新的资金。

当伯克希尔公司为康菲石油公司支付了过多的钱，或是购买美国航空公司时，他们都犯下了错误。

伯克希尔公司在购买德克斯特鞋业公司时也犯了错误，这一错误的代价高达数十亿美元。

在对德克斯特鞋业做尽职调查分析时，芒格和巴菲特都犯了错误，他们没有发现这家企业并不存在起保护作用的护城河，而是过于看重他们认为很有吸引力的收购价格。巴菲特讲到德克斯特鞋业时说道："我评估这家企业后认为它具有持久的竞争优势，可几年之内它就消失殆尽了。"

芒格曾经多次表示，早年他犯的错误要比现在多。他犯的早期错误之一就是投资一家生产变压器的公司。他还提到过，曾经发现自己置身于只有受虐狂才喜欢的房地产行业。

芒格说："一个人从不犯错，就能过上惬意的生活，但这是不切实际的。事实上，生活中的一个窍门就是要学会处理错误。不能够处理好'错误'是许多人最终走向破产的原因。"

芒格在1973年至1974年的经济萧条时期遭受重创，然而，这使他更出色了。伯克希尔公司在购买德克斯特鞋业后遭遇了许多问题，这同样成了芒格提升自己的台阶。芒格和巴菲特买入所罗门兄弟后一度陷入困境，这几乎让伯克希尔公司付出的7亿美元完全打了水漂。后来，在投资巴尔的摩的孔恩百货公司和美国航空公司的时候，伯克希尔公司再次陷入泥潭。

这些投资都是商业判断上的巨大失误，通常要付出数百万美元的代价，但这些错误大大提升了芒格的投资决策水平，因此也为伯克希尔公司带来数十亿美元的回报。

芒格认为，避免失误的极好方法是，根据自己受到的教育和经验，去拥有一家简单易懂的企业。芒格说："如果事情错综复杂，投资者就有机会遇到欺诈和错误。"这种方法与巴菲特的观念不谋而合，巴菲特喜欢的投资策略是那些相当于在水桶里钓鱼的企业。

忘记错误是一个可怕的错误

芒格喜欢了解他为什么会犯错，这样他就可以吸取经验教训。如果投资者无法了解这家企业，也就不能确定自己做错了什么。如果不能确定自己做错了什么，投资者就无法学习。如果无法学习，投资者就不知道自己正在做什么，这才是产生风险的真正原因。

芒格说："如果投资者想提高自己的认知能力，那么忘记自己的错误本身就是一个可怕的错误。"

在现实生活中经历了犯错、成功或失败后，投资者就能学会并培养出良好的商业判断力。伯克希尔公司的很多错误的投资案例都极具价值，这种价值就在于它们教会了芒格和巴菲特什么投资不可以做。

什么都不做是更大的错误

芒格承认，即使做了几十年的商人和投资者，他依然会犯错。在芒格犯过的错误当中，最严重的错误是他没有去做应该做的事。

芒格说："有史以来，伯克希尔公司犯过的最极端的错误是疏漏。我们意识到了错误，却没有及时采取措施。那些可怕的错误让我们损失了数十亿美元。虽然现在在这方面我们有所改善，但我们永远没法完全克服它。错误有两类：一是什么都不做，巴菲特称之为'吮拇指'；二是本应该大量买进的股票，我们却缩手缩脚，买得很少。"

芒格和巴菲特决定不投资沃尔玛就是其疏漏过失的其中一例。巴菲特说，仅沃尔玛这一个失误就让他们损失了100亿美元。

同样，1973年，汤姆·墨菲希望将下辖的几家电视台出售给伯克希尔公司，开价3500万美元，而伯克希尔公司拒绝了。巴菲特承认："（未能购买那些电视台）是一个巨大的疏漏式错误。"

每一次损失都是一次教训

芒格说："我最认可的是爱比克泰德（古罗马斯多葛学派哲学家）看待事物的态度。他认为生活中错失的每一个机会都是锻炼和学习的机遇，投资者要做的不是沉沦于自我的怜悯之中，而是要以建设性的方式利用这些糟糕的打击。这是一个非常正确的观点。"

爱比克泰德教导人们说，哲学是一种生活方式：所有的外部事件都是命运，超出了人们的控制范围。然而，作为个体，我们要对自己的行为负责。芒格认为，与"爱比克泰德的命运"等同，金融事件由宏观事件和微观事件构成，这些事件会影响公司及其股价的涨跌。这些事件的发生是我们无法控制的，我们如何应对这些事件，以及我们能否从中吸取教训，都是我们的责任。

在芒格的投资生涯中，每一次损失都是一次教训。如果他从来没有在纺织业、制造业、服装零售业以及航空业等竞争激烈的行业遇到过麻烦的话，他就不会有能力洞察那些具有垄断能力的企业，如可口可乐或喜诗糖果等公司。他也永远不会发现政府雇员保险公司这类低成本企业是如何在竞争力方面超过规模更大的公司的。

如果他没有经历过 1973 年至 1974 年的市场大跌，他就不会有前瞻性的眼光提前储备资金，从而在 2008 年至 2009 年时投资富国银行。

托马斯·爱迪生曾经说过"失败是成功之母"，芒格始终坚信早期的失败是日后成功的源泉。

Chapter Seven

第 7 章

生活智慧

芒格丰富多彩的人生经历和强大的思考能力，让他拥有洞悉世事的人生智慧。他会不时地将它们奉献出来与世人分享，这让许多人受用终生。

7.1 理性与自律

> 保持理性是一种道德律令，在
> 不该犯傻的时候千万别犯傻。
>
> ——芒格

保持理性与自律，是芒格对 18 世纪德国哲学家康德的想法的延伸。康德认为，理性是所有道德的来源。对康德和芒格来说，理性是指克服感性的干扰，遵循逻辑和理智来做出决定。

"道德律令"是一种强烈的情感准则，它源于人的内心，并迫使每个人去行动或不去行动；按照康德和芒格的说法，不这样做会违背理性。在芒格的世界里，不理性等于愚蠢。

芒格认为："价值投资者需要自律。在情感上，随波逐流要比逆势而动更易被人接受。很多投资者很难做到什么也不做，人们往往认为活跃投资肯定有额外的好处，但肯定的是，这是绝对不会有好处的，因为频繁交易会导致税金、费用和开支的增加，过度的活跃投资可能会导致不利的后果，反之则会获得较大的回报。"

备受青睐的资产是那种每个人都认为会不停升值的资产，投资者唯有强烈的自律才能在此类资产上获利，价值投资者即便身处股价每天下跌的境况中，也能有胆量继续持有，或者低于均价大举买入。当然，若想在这方面有利可图，投资者对价值的估量必须精确。

罗伯特·哈格斯特朗在《巴菲特之道》中写道："巴菲特和大多数投资者之间的区别更多的与自律有关，而非其他品质。"此话同样适用于芒格，自律是一种训练有素的反应，如果投资者不使用，它就会退化。

芒格认为："在其他人身上寻找真正自律的迹象有助于投资者做出明智的决策。例如，如果投资者拜访一家自称是价值投资者的资金管理公司，在公司里投资者分辨不出是开市还是闭市，那么这就是一个好的迹象。投机者会把活跃与生产力或成功相联系，而投资者则是将自律状态下的不活跃与成功相联系。"

7.2 不过度消费

> 莫扎特被疯狂毁掉的一生是一个很好的例子。由于拥有无以伦比的天赋，所以他取得了足以傲视群雄的成就，然而，他的生活就过得相当悲惨。他的一生都是在入不敷出中度过的，这让他痛苦不堪。
>
> ——芒格

芒格注重节俭，跟他的偶像本杰明·富兰克林非常像。

富兰克林除了说过"节约一分钱等于有了两分钱"这句格言外，还曾经写道"致富之路和通向市场之路一样平坦，这主要取决于两个字：'勤'和'俭'。"也就是说，投资者既不能浪费时间也不能浪费金钱，而是要充分利用两者。离开了勤俭，什么事情都做不成。

年轻的芒格并不热衷于花钱，这是让他的财富积累的关键因素之一。直到将近 60 岁时，他才买了自己的第一辆新车。在成为百万富翁后的很长一段时间里，他就住在一所中上水平的房子里，节省下来的每一美元都用于投资。

芒格说："如果你不是真正需要某种东西，你就不要买它，过度消费会让我们的生活过得很悲惨，少花钱和明智的投资将帮助我们在通往财富的道路上加速前进。如果你担心通货膨胀，又不需要太多的物品，那么最有效的保护措施之一就是，在生活中你不能有太多荒唐的需求。"

芒格和巴菲特一直在中产阶级的住宅区中居住，而且他们在大多数时间都开着老款轿车出行，将开销保持在很低的水平，这可以使他们积累大量的现金用于投资。

以其身家而言，芒格是相当节俭的，这一现象尤其表现在运营和投资费用上，芒格说："我们是没有被仆人包围的一群（经理人）。伯克希尔公司的总部就是一间很小的套房。"

其他价值投资者对节俭的重视程度与此类似。巴菲特的朋友、著名价值投资者沃尔特·施洛斯开了一家投资公司，他的节俭也是出了名的，他在另外一家投资公司租了一个房间，作为自己的办公室。

价值投资者的节俭，源于他们对机会成本和复利的理解。他们会将今天的消费与明日更大的消费加以比较，促使自己节俭。

7.3 职业选择

> 在我不感兴趣的领域，我从未获得过太大的成功。
> 如果你无论如何都不能对某些事情感兴趣，那么
> 即使你非常聪明，你也难以获得很大的成功。
>
> ——芒格

对普通人而言，芒格的职业建议一直都是最好的礼物。芒格曾提出职业生涯的三条规则，它们分别是以下三点：

（1）不要销售你自己都不愿意买的东西。

（2）不要为你不尊重和不欣赏的人工作。

（3）只和你喜欢的人一起工作。

为什么我们不该卖那些自己都不会买的东西呢？因为如果我们自己都不喜欢、不了解或不相信某一产品，那么当我们试图销售时，对我们而言将会是一场灾难。优秀的销售人员永远相信他们的产品，这也是他们成功的秘诀之一。

为什么我们不能为那些不尊重自己的人工作呢？因为他们没有什么东西可以教给我们，也不能帮助我们提高自己的才智和生活水平。

　　为什么我们不应该和自己不喜欢的人一起工作？因为工作就是我们的生活，而衡量生活充实的标准之一即是享受我们所做的事情，享受和自己欣赏的人一起度过的时光。如果我们在工作中感到痛苦，即使我们可以赚取数百万美元，那也是一种贫穷的生活。

　　芒格经常说，对事业充满激情是成为一名优秀的业务经理的关键因素。对那些对工作充满激情的人来说，业务不再是一份工作，而是他们对生活的挚爱。他们宁愿工作也不愿意待在家里，对自己工作的热情驱动了他们的生活。

　　芒格指出：这个理论适用于我们生活中所做的任何事情，要想在某些方面取得成功，我们需要对此有着狂热的兴趣，这比与生俱来的智慧更能决定我们能否在所做的事情上取得成功。正如乔布斯所说的："工作会占据你生活的大部分时间，而真正能满足你的唯一方式就是，从事你认为很有价值的工作。"

7.4 耐心等待时机

> 成功意味着要非常有耐心，但当机会来临
> 的时候，则要积极进取。
>
> ——芒格

芒格曾经说道："耐心与机会的结合是非常美好的。我的祖父教导我，机会不常有，但当它来临时，一定要做好准备并且抓住它。伯克希尔公司就是这样做的。"

纵观芒格的投资活动，可以看出他总是在寻找具有非常明显收益的投资项目，当投资项目表现出了绝对的回报优势，芒格才会为此动心。但这种耐心和眼光是大多数投资者所不具备的，一个合格的投资者固然要有一定的耐心，但也要做好充分的准备，看准时机买入合适的资产。

当市场先生感到害怕的时候，投资者可以用远低于非公开市场价值的价格购买一项资产的概率就会显著增加。然而，预测出这样的好事何时发生是不可能的。相反，明智的做法是关注当下发生的事情，等待低价买进的机会出现。

大部分投资者很难做到有耐心，因为人们倾向于认为活跃程度与价

值有某种程度的关联。

巴菲特认为："股票市场旨在实现将钱从活跃之人到有耐心之人之间的转移。如果你有耐心、理性，而且奉行格雷厄姆价值投资体系，市场先生就必然会给你送上丰厚的礼物。你无法预测自己何时会收到礼物，但你一定可以耐心地等到礼物送达你的手中。从这个意义上讲，格雷厄姆价值投资体系是一个探索的方法，而不是基于预测的方法。

芒格说："我们常常听到富有进取心的年轻人问，我如何才能快速变成你这样？"

芒格建议的方法是日复一日地与耐心"一决高下"，并为偶一为之的快速出击做好准备。平时能沉得住气的人，之后就会有几次机会可以赚得盆满钵满，这是芒格在军队之中打扑克的时候养成的思路。

芒格多次说道："我的成功源于自我的长期专注。"

耐心是一种美德，对于投资博弈而言，它还是一笔财富。大多数人认为，耐心意味着投资后"守株待兔"，等待它的价值上升。在芒格的眼里，耐心也意味着持有大量现金等待优质企业的股价走低，耐心还意味着专注找一家以合适价格被出售的优质企业。就像成为一名律师或医生一样，成为投资者也需要极强的耐心。

芒格说："你必须非常有耐心，你必须等待，直到某件事出现，你才会发现自己所付出的代价是值得的。耐心在某种程度上来说是违反人性的，谁也没办法整天坐在那里无所事事，只是等待而已。可是这对我们来说很容易，因为我们还有其他事情要做。不过，对于一个普通人来说，你能想象他干坐了 5 年而什么也不做吗？他觉得自己不够积极进取，也没有价值可言，更觉得自己做了一件愚蠢的事情。"

　　大多数投资者都缺乏耐心，他们不能像芒格那样等待 5 年，直到合适价格的长期投资标的出现。由于大部分股票的价格是超过其内在价值的，所以大多数投资者最终都为这些高价股票买了单。99% 的投资者匆匆忙忙进行交易，并最终为投资标的支付了过高的价格，而包括芒格在内的 1% 的投资者，则会耐心等待 5 年，一直等到价格合适的长期投资机会出现。

　　芒格不是在寻找投资机会，而是在等待合适的长线机会，在等待一个合适的价格。他会把眼睛睁得大大的，以确保不会错过任何机会，这就是为什么他会读很多书，使自己时刻保持清醒。

　　芒格说："假设你去找一位投资顾问，而他告诉你可能需要 5 年时间才能找到合适的投资，那么大多数人会站起来离开，去找另一位投资顾问。"等待不是人的天性，而芒格和巴菲特具有耐心等待的素质，这也是芒格和巴菲特相较于其他人所具备的优势。

7.5 与信任的人打交道

与自己信任的人打交道，并让其他人远离你
的生活，这种方法很有用，它应该被视为人
生指南。聪明的人会避开那些像老鼠药一样
的人，毕竟生活中这一类人太多了。

——芒格

芒格提出，我们需要剔除那些不值得信赖的朋友和生意伙伴。这句话包含了多重含义，在个人层面，如果一个人不再与其不信任的家庭成员联系，那么大型的家庭聚会可能就会成为陈年往事；在生意场上，不信任自己的员工或者交易对手，可能就会导致情绪焦躁和效率低下，因为信任是确保每一笔业务得以顺利进行的润滑剂。

如果你创办了一家货运公司或者经营一家医院，那么管理人员必须相信下属员工能够有效地完成工作，同时相信自己订购的产品和材料能够按时送到。如果做不到这一点，公司就会深陷困境。

芒格说道："文明的最高形式就是形成充满强烈信任感的无缝网络，不需要什么流程，只是可靠的人彼此互相信任。在你自己的生活中，你也会同样渴望有充满信任的无缝网络。如果你的婚姻协议写了满满 47 页纸，那么我建议你还是不要结婚了。"

芒格和巴菲特经常引述 20 世纪的奥马哈建筑巨头彼得·基威特的一句话，他曾经说过，他希望雇佣那些聪明、勤奋、正直的人。不过，在这三点当中，正直是最重要的，因为如果一个人不正直，那么另外两种品质，即聪明和勤奋，将使他变得盲目。

伯克希尔公司的文化就是，如果你不信任某个人，你就真的不应该和他一起做生意。

芒格说："有一个好办法可以避免错误，甚至还有可能增加胜算，那就是找一个你信任的人，把你的决定告诉他，并征求他的意见。"

事实证明这种方法十分有价值。

巴菲特的多数投资都会征求芒格的意见，巴菲特说："芒格是一个'爱唱反调的可恶的人'，因为他经常对某项特定的投资回答'不行'。虽然你可能没有像芒格这样一个投资伙伴做同事，但身边也会有你信得过的，且在各个领域富有经验的人。"

在 2013 年致股东的信中，巴菲特特意提及：因为没有找芒格商量，他在某项重要的收购上损失巨大。巴菲特说，那次经历实在惨痛，希望自己再也不会犯同样的错误。就在这次股东大会上，巴菲特还建议，下一任伯克希尔公司的首席执行官也应该考虑找一位（或多位）像芒格这样的人做同事。

7.6　幸福的生活

> 每个人对世界都要保持一颗好奇之心，形成一
> 定的社交圈子，并以一种值得尊敬的方式步入
> 老年，让晚年生活过得既有趣又令人满意。
>
> ——芒格

对于如何获得成功和幸福，芒格说：要想获得幸福，你需要培养良好的心理和生活习惯、提防妒忌、避免欠债、减少物质需求、满足于你已经拥有的、去做有强烈兴趣的事、坚持终身学习、找到好配偶。

巴菲特曾经对一群大学生说过："我们应该好好爱护身体，因为它是我们一生中能够驾驶的唯一一辆车。"芒格把巴菲特的这个有关轿车的类比铭记于心，他认为，"驾驶自己的身体越少，磨损就会更少，使用寿命也会更久"。因此，他除了在俱乐部打桥牌和看书以外，会尽量参加多种形式的体育锻炼。

芒格认为南希给他带来了巨大的幸福感，芒格说道："在婚姻中，你不应该去寻找具有良好外貌和性格的伴侣。你需要放低自己的期望值去寻找伴侣。"

对配偶的高期望值将永远不会让你感到满意，出色的配偶将使你不得不百依百顺地取悦对方，你的生活将非常凄凉。因此，除非你想永远都不快乐地与配偶共度一生，否则降低对配偶的期望值更为可行。

生意场上的情况恰恰相反，如果你降低对员工或管理团队的期望。他们将永远不会在自己的技能和职业上表现出色。为什么在婚姻问题上这一点行不通呢？因为，婚姻不是一项工作。

芒格从来没有进行过前列腺检查，或者前列腺特异性抗原测试，因为他不想知道自己是否患有前列腺癌。他认为，既然大多数男人最终都会有前列腺问题，那又何必担心呢？

同样，芒格从不担心那些不可避免的事情。他说道："我们也不必操心加利福尼亚的地震。"因此，芒格在生活中很少感到压力，充满幸福，而这可能也是其在 90 多岁时依然充满活力的原因。

如何过上痛苦的人生

大多数成功者会在大学生的毕业典礼上讲述如何获得幸福的生活，擅于逆向思考的芒格则在演讲中以"亲历者"的身份阐述了如何才能过上痛苦的生活。

芒格认为，生活中的许多难题只有在逆向思考的时候才能得到最好的解决。

芒格在演讲中谈到约翰尼·卡森（美国著名的节目主持人）的演讲，他详述了保证痛苦人生的卡森药方。具体包括：

（1）为了改变心情或者感觉而使用化学物质。

（2）妒忌。

（3）怨恨。

卡森一次又一次地尝试了这些东西，结果每次都变得很痛苦。

为了让人们理解卡森为痛苦生活所开处方的第一味药物（使用化学物质），芒格谈到年轻时自己最好的四个朋友，他们非常聪明、正直和幽默，自身条件和家庭背景都很出色。其中两人早已去世，酒精是让他们早逝的一个因素；第三个人现在还醉生梦死地活着——假如那也算活着的话。

妒忌和令人上瘾的化学物质一样，自然也能令人产生痛苦。芒格说道："如果人们希望保持妒忌对痛苦生活的影响，如果想获得痛苦的生活，就别去阅读塞缪尔·约翰逊（英国作家、诗人）的任何传记，因为这位虔诚的基督徒的生活以令人向往的方式展示了超越妒忌的可能性和好处。"

就像卡森感受到的那样，怨恨对人们感受到痛苦也很灵验。芒格认为，如果人们渴望过上痛苦的生活，找不到比它更灵的药方可以推荐了。约翰逊也提到，生活本已艰辛得难以下咽，何必再将它塞进怨恨的苦涩果皮里呢。

对于那些想得到痛苦生活的人，芒格还建议他们别去实践迪斯雷利（19世纪英国首相）的权宜之计，它是专为那些无法彻底戒掉怨恨老习惯的人所设计的。在成为伟大的英国首相的过程中，迪斯雷利学会了不让复仇成为行动的动机，但他也保留了某种发泄怨恨的办法，就是将那些敌人的名字写下来，放到抽屉里。然后时不时地翻看这些名字，自得其乐地记录下世界是怎样无须他插手就使他的敌人垮掉的。

在卡森的痛苦药方的基础上，芒格加开了四味药，分别是：

（1）要反复无常。

（2）尽量别从其他人成功或失败的经验中广泛地吸取教训。

（3）遭遇失败时意志消沉，从此一蹶不振。

（4）忽略朴素的智慧。

芒格是这样说的："第一，要反复无常，不要虔诚地做你正在做的事。只要养成这个习惯，你们就能够绰绰有余地抵消它们所有优点共同产生的效应，不管那种效应有多么巨大。如果你们喜欢不受信任并被排除在对人类贡献最杰出的人群之外，那么这味药物最适合你们。养成这个习惯，你们将会永远扮演寓言里那只兔子的角色，只不过跑得比你们快的不再只是一只优秀的乌龟，而是一群又一群平庸的乌龟，甚至还有些拄拐杖的平庸乌龟。"

"第二，我必须警告你们，如果不服用我开出的第一味药，即使你们最初的条件并不好，你们也可能会难以过上痛苦的日子。我的一位大学室友，他以前患有严重的阅读障碍症，现在也是。但他算得上我认识的人中最可靠的。他的生活到目前为止很美满，拥有出色的太太和子女，掌管着某个数十亿美元的企业。如果你们想要避免这种传统的、主流文化的、富有成就的生活，却又坚持不懈地做到为人可靠，那么就算有其他再多的缺点，你们的这个愿望恐怕也会落空。"

"说到'到目前为止很美满'这样一种生活，我忍不住想在这里引用克罗伊斯（古代吕底亚的国王）的话来再次强调人类生存状况的'到目前为止'的那一面。克罗伊斯曾经是世界上最富裕的国王，后来沦为敌人的阶下囚，就在被活活烧死之前，他说，'哎呀，我现在才想起历史学家梭伦说过的那句话，在生命没有结束之前，没有人的一生能够被称为是幸福的。'"

芒格接着开出了痛苦人生的第二味药。他这样说道："我为痛苦人生开出的第二味药是，尽可能从你们自身的经验中获得知识，尽量别从其他人成功或失败的经验中广泛地吸取教训，不管他们是古人还是今人。这味药肯定能保证你们过上痛苦的生活，取得二流的成就。"

"只要看看身边发生的事情，你们就能明白拒不借鉴别人的教训所造成的后果。人类常见的灾难全都毫无创意——酒后驾车导致的身亡，鲁莽驾驶引起的残疾，无药可治的性病，加入毁形灭性的邪教后变成的行尸走肉，由于重蹈前人显而易见的覆辙而导致的生意失败，还有各种形式的集体疯狂等。你们若要寻找那条通往因为不小心、没有创意的错误而引起真正的人生麻烦的道路，我建议你们牢牢记住这句现代谚语：'人生就像悬挂式滑翔，起步没有成功就完蛋了。'"

"避免广泛吸取知识的另一种做法是，别去钻研那些前辈的最好成果。这味药的功效在于让你们得到尽可能少的教育。"

"如果我再讲一个简短的历史故事，或许你们可以看得更清楚，从而更有效地过上与幸福无缘的生活。从前有个人，他勤奋地掌握了前人最优秀的成果，尽管开始研究分析几何的时候他的基础并不好，学得非常吃力。最终，他本人取得的成就引起了众人的瞩目，他是这样评价自己的成果的：'如果说我比其他人看得更远，那是因为我站在巨人的肩膀上。'"

"这个人的骨灰如今埋在西敏斯特大教堂里，他的墓碑上有句异乎寻常的墓志铭：这里安葬着永垂不朽的艾萨克·牛顿爵士。"

芒格继续开出第三味药，他说道："当你们在人生的战场上遭遇第一、第二或者第三次严重的失败时，就请意志消沉，从此一蹶不振吧。因为即使是最幸运、最聪明的人，也会遇到许许多多的失败，这味药必定能保证你们永远地陷身在痛苦的泥沼里。请你们千万要忽略爱比克泰德亲自撰写的、恰如其分的墓志铭中蕴含的教训：此处埋着爱比克泰德，一个奴隶，身体残疾，极其穷困，蒙受诸神的恩宠。"

"'反过来想，总是反过来想。'雅各比说。他知道事物的本质决定了许多难题只有在逆向思考的时候才能得到最好的解决。"

关于痛苦人生的第四味药，芒格说道："为了让你们过上头脑混乱、痛苦不堪的日子，我所开的最后一味药是，请忽略小时候人们告诉我的那个乡下人的故事。曾经有个乡下人说：'要是知道我会死在哪里就好了，那我将永远不去那个地方。'大多数人和你们一样，嘲笑这个乡下人的无知，忽略他那朴素的智慧。如果我的经验有什么借鉴意义的话，那些热爱痛苦生活的人应该不惜任何代价避免应用这个乡下人的方法。若想获得失败，你们应该将这种乡下人的方法，也就是卡森在演讲中所用的方法，贬低到愚蠢之极、毫无用处。"

芒格擅长于逆向思考，芒格的演讲"如何过上痛苦的人生"，其实是在用逆向思考的方式告诫人们"如何过上幸福的人生"，它包含以下几项内容：

（1）不使用化学物质。

（2）不妒忌。

（3）不怨恨。

（4）专注做事。

（5）尽量从其他人成功或失败中广泛地吸取教训和经验。

（6）遭遇失败而不消沉。

（7）牢记朴素的智慧。

对于这份长篇累牍的"如何过上痛苦的人生"的演讲，芒格多次以言简意赅的形式总结说："生活和生意上的大多数成功来自你知道自己应该避免哪些事情，生活上想要过得幸福就应该避免过早死亡、糟糕的婚姻、邪恶之人、性感诱人的异性、染上艾滋病、在路口和车抢道、吸毒等。保持长寿的秘诀在于不嫉妒，不抱怨，不过度消费；无论面对什么困难，都保持乐观的心态，交靠谱的人，做本分的事……都是些简单的道理，也都是些老掉牙的道理。但做到了，会一生受益。"

Chapter Eight

第8章

走出心理定式的误区

　　人类在发展中由于受到习惯、文化和教育的
影响，产生了许多心理定式，这些心理定式很多
时候会影响我们的判断，芒格认真研究了这些心
理定式以及它们对投资的影响。

8.1　直观判断法

> 心理定式的利可能远大于弊，否则，它们就
> 不会存在，并且为人所用了，所以，心理
> 定式根本不会自动被清除，也不应该被清
> 除……心理定式并非总是发生，了解它及其
> 矫正办法将有助于避免麻烦的发生。
>
> ——芒格

人们在社会生活中发展出很多心理定式，在心理定式的影响下，人们对事物的判断采用的是所谓的直观判断法，直观判断法是不可缺少的，否则正常生活中各种决策就无法做出。直观判断法使人们能够迅速应付超量的信息和运算，及时处理风险和不确定性。

在利用直观判断法时，人们往往倾向于用其理解的去推断其无法理解的事物。

芒格认为，直观判断法可以节约稀缺的身心资源，这样的方法有时是有益的，但有时也会让人产生系统性错误。如果某些人类活动不属于过去我们作为一个物种的大多数进化行为，比如投资，那么在此类活动中，采用直观判断法就可能犯下一个又一个愚蠢的错误。

芒格对人类众多的心理定式进行了思考和讨论，归结起来主要包括以下 25 条：

（1）避免不一致倾向。

（2）喜欢和热爱倾向。

（3）讨厌和憎恶倾向。

（4）否认现实倾向。

（5）好奇倾向。

（6）康德公平倾向。

（7）羡慕或嫉妒倾向。

（8）自视过高倾向。

（9）回馈倾向。

（10）简单联想的影响倾向。

（11）单纯避免痛苦倾向。

（12）过度乐观倾向。

（13）损失过度反应倾向。

（14）奖惩的超级反应倾向。

（15）社会认同倾向。

（16）对比误判倾向。

（17）压力倾向。

（18）易得性误导倾向。

（19）不用就忘倾向。

（20）化学物质错误影响倾向。

（21）衰老误导倾向。

（22）权威误导倾向。

（23）废话倾向。

（24）重视理由倾向。

（25）聚沙成塔倾向。

由于篇幅所限，下面重点讲述其中几个心理倾向对我们的影响。

8.2 避免不一致倾向

> 由于不愿意改变，人的大脑
> 得以节约使用运算空间。
>
> ——芒格

避免不一致是一个很有价值的直观判断法，如果人们每一天都要换成全新的思维，那就需要大脑拥有超强的处理能力才行。

人们不愿意改变，甚至当他们接收到的新信息与已有信息相冲突时，也不愿意改变。因为大脑具有抗改变的倾向，人们倾向于保留如下几种东西的原样：以前的结论、身份、社会认可的角色。

从进化学的角度讲，当人类的远祖还是动物的时候，迅速做出决定对生存来说是至关重要的，而这种避免不一致的倾向有助于人类更快地做出决定，它使得我们的远祖能够通过群体协作而获得生存优势，因为如果每个人的反应总是不停地改变，那么群体协作就会变得很困难。

从人类刚开始识字到今天拥有复杂的现代生活，中间的时间并不是很长，避免不一致倾向是进化在这么短的时间内所能得到的最好的方法。

我们可以从以下几个例子看出避免不一致倾向对我们生活的重要作用：

（1）法官的例子。因为避免不一致性倾向做出的糟糕决定，其所造成的问题特别严重，所以法院采用了一些重要措施来对付它。例如，在做出决定之前，法官和陪审团必须先聆听辩方的长篇大论，让辩方列举证据为自身辩护，这有助于防止法官和陪审团在判决的时候犯直观判断法的错误。并且，法官需要穿戴代表尊严、理性、客观的"面具"，比如服装、举止和态度等，这也有助于引导他们在判决时跟自己的"面具"一致，判决是严肃的而不是随意的。

（2）老师的例子。避免不一致性倾向造成了"维持现状倾向"，给合理的教育造成了巨大的伤害，但它也带来了许多好处。避免不一致性倾向导致教师不太可能把自己不相信的知识教给学生，所以，临床医学教育要求学生必须遵守"先看、后做、再教"的原则，只有自己看过和做过的，才能教给别人。

（3）飞行员的例子。为了减少直观判断失误所导致的严重后果，航空法要求即使是最优秀的飞行员，也要在起飞前按检查清单检查一遍飞机，虽然是重复劳动，但可防范万一。

但是遗憾的是，人们避免不一致的心理倾向虽然在多数情况下对人有益，但也可能在某些时候有害。如果一个人投入了大量的精力，得出了某个结论或看法，且一旦改变会导致令人不快的事情发生，那么此时抗拒改变既定结论的渴望就会特别强烈。

狄更斯的《圣诞颂歌》中，可怜的雅各布·马里的鬼魂说："我戴着我在生活中锻造的锁链。"他说的锁链就是那些起初轻微得难以察觉，在察觉之后又牢固得无法打破的习惯。

物理学家、现代量子理论的创始人普朗克曾经说过："一个新的科学真理并不是通过说服反对者，并让他们恍然大悟而获胜的，而是因为反对者去世，熟悉新理论的新一代学者成长起来了。"这就是"在葬礼后才会取得进步"的含义。

新思想之所以很难被接受，并不是因为它们本身太过复杂，新思想不被接受是因为它们与原有的旧思想不一致，人类的头脑和人类的卵子的运作方式非常相似，当一个精子进入卵子，卵子就会自动启动一种封闭机制，阻止其他的精子进入。人类的头脑强烈地趋向于与此相同的结果。所以人们倾向于积累大量已知的结论和态度，而且经常固化它，拒绝做出改变，即便有大量的证据表明它们是错误的。

建立投资检查清单

芒格认为，避免不一致倾向、认知偏差的倾向严重与否，人与人之间程度不同，可能部分来自于我们天生的基因和性格等。投资者有可能通过认知能力的提升、思维方式的适当调整、简单有效的原则等，来减少其负面的影响。

芒格建议普通投资者应建立自己的投资检查清单，不论是写在纸面上，还是存在脑子里。在买入股票的时候，记录买入的决策理由，以备后来的检查。当买入的决策理由已经不存在或者已经明显弱化，投资者要做出调整。

作出投资决策后，投资者要不断检查自己的决定，以开放的心态来接受甚至有意收集相反的观点和证据，并和当时买入的理由进行对照。同时，投资者要跟踪企业的基本面，观察行业的需求是否变化、企业的竞争环境是否恶化、企业产品竞争力是否下降等。当发现买入的理由不存在或者企业基本面发生明显负面变化时，认错卖出可能是个理性的决策。

芒格说："由于我们自身存在难以根本克服的局限性以及市场固有的不确定性等,投资都会有决策失误的时候。但由于一些投资者过于高估自己的能力、过于高估自己掌握的信息等,导致其看不到与自己判断不符的信息。只有承认了自身的不足以及世界的复杂性、动态性,投资者才能有对自己的投资理念和方法不断优化的动力。"

不断进化思维

芒格认为,在过去的一年里,如果投资者一次都没有推翻过自己最中意的想法,那么这一年就算浪费了。

旧的不去,新的不来。这表明我们的思维在不断进化,这意味着我们在思考。

在任何过去的一年,如果我们没有抛弃过一个自己最喜欢的想法,那么这很可能表明我们并没有充分地去思考和阅读,从而无法在才智发展上取得一点进步。

某些事情在很短的时间内会发生颠覆性的改变。在短短 70 年的时间里,美国经历了从没有电到全国电气化的转变。这完全摧毁了蜡烛制造、煤气照明以及煤油灯的行业,而这些行业在 18 世纪和 19 世纪都诞生过许多伟大的企业。

1930 年,美国家庭都还没有电视机,而到了 1960 年,电视机已经成了很普通的家用电器;1974 年,数码相机还不存在,而如今柯达却被淘汰了。在被淘汰前的 100 年里,柯达一直是一家非常成功的企业。

在商业和投资领域里,投资者最好能跟上新发展的步伐,同时每年回顾一下自己最喜欢的想法,验证自己的想法是否正确,这样可以避免犯错。

8.3 否认现实倾向

即便不喜欢现实，也要承认现实。
——芒格

人们讨厌听到坏消息，或任何与他们现有观点和结论不一致的内容。因此，如果某些事情可能令人痛苦，人类的大脑就会开始行动，设法否认现实。

芒格曾用一个案例解释人们否认现实的心理倾向，他说："我的一位朋友有个儿子，他是一位超级运动员和超级学生，他从北大西洋的航空母舰上起飞，再也没有回来。他的母亲是一位理智的女性，但就是怎么也不相信他已经死了。"

如果你打开电视就会发现，有些人明明就是罪犯，显而易见到不用分析判断，可他们的母亲却认定自己的儿子是无辜的，这就是单纯的心理否认。

现实让人痛苦到难以忍受，所以，人们只好使之扭曲，以便承受。在某种程度上，我们都会这样做，这是一种常见的心理倾向，但会造成严重的问题。

　　大部分投资者在大部分时间能做到承认和接受现实，但在极端的情况下可能就不会承认现实。比如在股市中有很多自欺欺人的故事，不承认自己投资失败、不承认自己亏损，就算知道自己买入的是烂股票，眼看着亏损持续扩大，也不会选择卖出或者换股，并抱着股市上涨来弥补亏损或者翻身的希望。

　　诺贝尔奖获得者、心理学家丹尼尔·卡尼曼认为："人们不想投入哪怕一点点的精力去设法搞清楚他们做错了什么。"

　　沉没成本效应在投资者中非常普遍，在实际交易当中，人们总是将获利良好的品种卖出，而保留那些亏损的基金或股票，更有甚者，还会对这些不断亏损的基金或股票加仓，反复买入想要"挽回损失"。

　　究其原因，是因为在很多人心中都有一个虚拟的"心理账户"，将获利部分计入盈利，认为盈利应该及时落袋为安；而亏损的股票一旦卖出，就变成了真金白银的损失。

　　不愿面对损失，不肯承认自己投资决策上的失败，在损失面前执行"鸵鸟"策略，随之而来的结果可能更糟糕。就如同生活中常见的排错队现象，眼见这队的服务人员非常低效，甚至有可能随时停止服务，却因为之前已经投入了很多时间，于是便没有胆量去排新的队伍，看上去是为了之前的投入不变成损失，但实际上可能损失了更多的时间。

　　芒格认为，"避免这种陷阱最好的方法是自问：如果手中没有这只股票或者基金，或者另外给你一笔钱，你会做出什么样的投资决策？如果答案是否定的，那么你最好卖了它。投资者不能仅仅因为已经被套住了，为了心理账户上所谓的'摊低成本'，就进而做出一个'错上加错'的决定。对于一只股票或者一只基金同样如此，如果它已经让你亏损太多，而且短期内基本面没有改善的迹象，那与其盲目追加，换来无期限的望眼欲穿，不如快刀斩乱麻，接受沉没成本，重新选择标的，开始一段新的投资体验。"

　　我们无论如何努力也会犯错误，但我们只需要承认错误，并及时行动。巴菲特都承认自己的后院经常会有几只癞蛤蟆。

8.4　自视过高倾向

你研究得越努力，信心就越足。但是，
你正努力研究的东西可能是假的。

——芒格

人们往往对自己的能力估计过高，自视过高的人比比皆是，这种人会错误地高估自己，调查显示，70%的学生认为自己的领导能力高于平均水平，而只有2%的学生认为自己的领导能力低于同龄人的水平。在评定运动技能方面，60%的学生认为自己的运动技能高于中间值，只有6%的学生认为自己的运动技能低于中间值。

大部分投资者都存在某种过度的自信。2012年，一家大型的基金集体发表了一项调查数据，表明91%的主动投资者认为：来年他们会跑赢大盘，或至少跟市场回报持平，当然，这在逻辑上是不可能的。

自视过高这种心理倾向在日常生活中也司空见惯。人们通常不会客观地看待自己的孩子，而是会给出过高的评价。人们做出决定之后，就会觉得自己的决定很好，甚至比没做出这种决定之前还要好。

很显然，各种形式的自视过高都会导致错误。

以赌博投注为例来说，玩家在买彩票时，如果号码是随机分配的，玩家下的赌注就会比较少，而如果号码是玩家自己挑选的，下的赌注就会比较多。这是非常不理性的。

这两种选号法中奖的概率几乎是完全相同的，玩家中奖的机会都是微乎其微的。彩票发行机构利用了人们对自选号码的非理性偏好，鼓励人们多买彩票，所以人们每次都买了更多的彩票。

有些人热爱体育运动，自以为对各个队伍之间的相对优势十分了解，这些人会去买体育彩票。和赛马博彩相比，体育彩票更容易上瘾——部分原因就在于人们会自动地过度赞赏他自己得出的复杂结论。

在讲究技巧的比赛中，比如说高尔夫球赛或者扑克赌牌比赛，人们总是一次又一次地挑选那些水平明显比自己高得多的玩家作对手，这种倾向同样会产生极端的、事与愿违的后果。自视过高的倾向降低了赌徒在评估自己的相对能力时的准确性。

这种自视过高的心理倾向连公司也不能幸免。

芒格曾批评政府雇员保险公司，他认为：因为政府雇员保险公司曾经赚了很多钱，所以他们自以为无所不知，结果后来却在一些业务上亏损严重。他们需要做的就是停止做蠢事，回归到好到不能再好的业务上去，而这就在他们的眼皮子底下。

芒格认为，避免因为自视过高而做傻事的最佳方法是，当你评价自己、亲人朋友、个人财产和过去未来的行动的价值时，强迫自己要更加客观。虽然尽量做到客观很难，但比起什么都不做，放任天生的自视过高的心理倾向不受约束地发展却又好得多。

芒格认为，投资者要知道自己在做什么，这是切实降低风险的最有效的方法。若想成为名副其实的专家，知道自己的能力边界在哪里十分重要。

8.5 损失过度反应倾向

当人们蒙受损失或侥幸脱险的时候，其认知就会扭曲。

——芒格

人们丢 100 美元的痛苦感受永远比捡到 100 美元的快乐感受更长久，更加记忆深刻。也就是说，失去造成的伤害的心理体验比得到带来的快乐体验多得多。与等量的获利相比，损失给个人的心理冲击更大，经验证据表明，我们的损失感大约是获利感的 2~2.5 倍。

除此之外，如果有个人即将得到某样他非常渴望的东西，而这样东西却在最后一刻失去了，那么他的反应就会像这件东西他已经拥有了很久却突然被夺走一样。

对于损失已有的好处和损失即将拥有的好处，芒格用一个名词来涵括人类对这两种损失的自然反应，那就是"损失过度反应"。

芒格曾用自己养的狗做案例进行说明，他说："我们家曾经养过一条温顺而善良的狗，当我给它喂食的时候，把食物从它的嘴里夺走，这条友善的狗就会咬我，它会表现出犬类的损失过度反应。对于狗来说，没有什么是比咬主人更愚蠢的事情，但这条狗没办法不愚蠢，因为它天生就有一种自动的损失过度反应。"

最容易让人上瘾的赌博形式就是设计出许多差点就赢的情况,这些情况会激发损失过度反应。损失过度反应也是导致某些赌徒倾家荡产的重要原因之一。它使得赌徒输钱之后急于扳平,输得越多,这种不服输的心理就越严重。

人们在表现出损失过度反应的过程中,经常会因为小题大做而惹来麻烦。他往往会对眼前的损失斤斤计较,而不会想到那些损失也许是无关紧要的。

例如,一个股票账户里有 1000 万美元的人,通常会因为他钱包里的 300 美元不小心丢了 100 美元而感到极端的不快。

人们在失去或者有可能失去财产、爱情、友谊、势力范围、机会、身份或者其他任何有价值的东西时,通常会做出不理性的激烈反应,哪怕只失去一点点时也是如此,因此,势力范围受到威胁而发生的内耗往往会给整个组织造成极大的破坏。

损失过度反应对劳资关系的影响是巨大的。第一次世界大战之前发生的劳资纠纷中的死亡事件,绝大多数是在雇主试图削减工资时造成的。现在因劳资纠纷出人命的情况很鲜见,但相应的是公司倒闭了,因为激烈的市场竞争只提供两种选择,要么工资降低,而这是不会得到同意的,要么企业倒闭。损失过度反应促使许多工人抵制降薪计划,而往往工人接受降薪对他们本身更有好处。

在劳资关系以外的地方,剥夺人们原本拥有的好处也是很难的。因此,若是人们能够更加理性地思考,在潜意识层面上更少受到损失过度反应的驱使,许多已经发生的悲剧是完全可以避免的。

　　损失过度反应常常会给那些参加公开竞拍的人带来很多损失。从众倾向促使竞买者相信其他竞买者的最新报价是合理的，然后损失过度反应会强烈地驱使竞买者报也一个更高的价格。要避免因此而在公开报价拍卖会上付出昂贵的价格，巴菲特给出了简单有效的建议：别去参加这些拍卖会。

　　在投资领域，损失过度反应更常被人称为"损失厌恶"。芒格说，"损失厌恶"可以导致投资者的非理性举动：在面对赚钱的可能时，非理性地规避风险；而在可能赔钱时，反而非理性地冒险。换句话说，人们倾向于在谋取利益时过于保守，而在避免损失时又过于积极。

　　赛马场上发生的事情很好地说明了损失厌恶是如何导致行为失常的。随着时间的推移，越来越多赌马的人为那些胜算不高的马下注。之所以如此，是因为大多数人已经赔钱，赔钱会导致损失厌恶心理的存在，人们希望放手一搏，押注风险较大的马匹，以期挽回损失，或许在回家之前还能赚上一笔。

8.6 奖惩的超级反应倾向

> 几乎所有人都认为自己充分认识到了
> 奖励和非奖励对改变认知和行为的重
> 要性，但真实的情况往往并非如此。
>
> ——芒格

芒格对奖励的效用推崇备至，他说："几乎在我成年后的整个人生当中，论起对奖励力量的理解，我一直是同龄人中的前5%，然而，我仍然经常低估这种力量。让我惊讶的是，每长一岁，我就会对奖励拥有的超强力量又多几分了解。"

在生活中，"祖母的规矩"证实了奖励非常有用，具体来说，"祖母的规矩"就是要求孩子在吃甜点之前先把他们的胡萝卜吃掉。

"祖母的规矩"的效果特别突出，所以芒格认为必须提到它，芒格说："你可以用这个规矩来成功地控制自己的行为，哪怕你使用的奖品是你已经拥有的。"

实际上，许多拥有心理学博士学位的顾问经常要求商业组织教会管理人员用"祖母的规矩"来管理他们自己的日常行为，借此改善它们的奖励系统。

把"祖母的规矩"应用到商界，就是要求管理人员每天强迫自己先完成自己不喜欢但很必要的任务，再奖励自己去处理那些自己喜欢的任务。考虑到奖励的超级威力，这种做法是明智而合理的。此外，这个规矩也可以被用于日常生活中。

芒格曾以联邦快递为例说明奖励的正向效应，他说："说到奖励机制，在所有企业中，我最欣赏的是联邦快递。联邦快递系统的核心和灵魂是保证货物按时送达——这点成就了它产品的完整性，它必须在三更半夜让所有的飞机集中到一个地方，然后把货物分发到各架飞机上。如果哪个环节出现了延误，联邦快递就无法把货物及时地送到客户手里。"

"以前联邦快递的派送系统总是出问题。职员从来没有及时完成工作。该公司的管理层想尽办法，如劝说、威胁等，只要能想到的手段，他们都用了，但是没有一种手段有效。"

"最后，有人想到了好主意：不再照小时计薪，而是按次数计薪——而且职员只要做完工作就可以回家，他们的问题一夜之间就全都解决了。"

奖励机制引起的一个常见的负面后果是，人们倾向于钻各种制度的空子，他们往往在损人利己方面表现得极有创意。因此，几乎所有制度设计都必须具备防止钻空子的重要属性。制度设计还需要遵守如下的原则：尽量避免奖励容易作假的事情。

美国施乐公司创办人乔·威尔逊在早期的时候，也遇到了不恰当的奖励机制引起公司经营产生的问题。

威尔逊那时已离开公司进入政府部门，但不得不辞职又回到施乐公司，因为他无法理解为什么施乐的新机器总是卖得不如那些性能低下的旧机器好。

回到施乐公司后，他发现根据公司和销售员签署的销售提成协议，把旧机器卖给客户，销售员能得到很高的提成；在这种不恰当的奖励机制的推动下，劣等的旧机器当然卖得更好。

得到奖励的坏行为特别容易形成习惯。

当理财顾问向客户推销理财产品的时候，这种负面的获得的影响就会非常典型地显现出来。面对有可能获得的奖金奖励，原本诚实正直的理财顾问可能就会变成一条受到不当激励的鲨鱼。

芒格曾说："每个人都想成为投资经理人，筹集到最大数额的资金，彼此疯狂地交易，然后，从总收入中抽走部分佣金。我认识一位投资经理人，是一位聪明绝顶而且非常能干的投资者。我问他："你向你的机构客户介绍的回报率是多少？"他说："20%"，我不敢相信，因为这是不可能的。但他说："芒格，如果我给他们报一个较低的数字，他们怎么还会把钱交给我投资呢！投资管理界简直疯了。"

芒格看到了问题所在：由于经理人不能自我约束，无法远离可能不道德或违法的活动，法律、法规已经将会计师变成了警察，芒格认为让经理人为自己的行为承担法律责任会是一个极好的起点。

芒格说："真正负责的制度是罗马人建拱门的做法。在脚手架被拆除时，建造拱门的人要站在拱门之下，这就像是自己为自己的降落伞打包一样。"

对于如何约束金融业中的不当行为，"黑天鹅"理论的创始人纳西姆·塔勒布提出了自己的解决方案：

谈到金融监管，我们应该强制执行"风险共担"的基本原则，换句话说，没有谁应该只沾光、不吃亏，特别是当其他人可能会受到伤害时更是如此。

第四部分 /

芒格的投资案例 ——

▲

04

Chapter Nine

第 9 章

蓝筹印花公司的投资历程

芒格和巴菲特的投资经历丰富多彩，虽然有时候并不一帆风顺，但对于重大投资项目的准确把握和坚持不懈，让他们获得了丰厚的回报。

9.1 控股蓝筹印花公司

> 要想得到某样东西，最好的办
> 法是让自己配得上它。
>
> ——芒格

蓝筹印花公司是芒格和巴菲特投资历程中非常重要的一家公司，这家公司让巴菲特和芒格完全地走到了一起，巴菲特和芒格分列蓝筹印花公司的第一大股东和第二大股东。

我们首先来看一看蓝筹印花公司的历史。

20世纪五六十年代有很多印花公司向零售商出售各色印花，有绿色、金色还有蓝色的印花，零售商再把这些印花发放给消费者，类似于现在的购物积分，消费者在零售商的店内每消费一美元都会得到相应数量的印花，他们把印花贴在本子里，集齐后去印花公司换一些奖品，如玩具、搅拌碗、烤面包机以及其他各种物品。

简单来说，就是零售商从蓝筹印花公司购买印花，再把这些印花发放给购物的消费者们。消费者集齐印花后会找蓝筹印花公司兑换各种商品。

当时商家非常欢迎印花，因为它们可以刺激销售增加利润。除了商家，消费者也喜欢印花，因为积攒印花可以换得礼品（见图 9-1）。

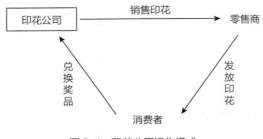

图 9-1　印花公司运作模式

消费者通常要花较长的时间，才能集齐足够的印花来换取商品，但有些人会随手把印花丢在抽屉里遗忘，从来不去兑换，于是印花公司就会产生备用金。

1956 年，蓝筹印花公司成立。

有 9 家公司，包括 Chevron 加油站、Thrifty 药房，以及最重要的加州连锁杂货店等共同成立了蓝筹印花公司。公司由这 9 家发起的零售商控制，其他参与的商店可以通过向顾客提供印花来吸引客流，但它们无权过问蓝筹印花公司的运营，也无法分享公司的利润。

20 世纪 70 年代，蓝筹印花公司每年的销售额约为 1200 万美元（折算到今天大约是 4 亿美元），它当时的备用金大约是 1 亿美元。

蓝筹印花公司成为加州当时最大的优惠券公司，而公司获得的巨大成功，招致了一场诉讼。创始人之外的其他零售商认为创始人没有给予他们公平的待遇，他们声称创始公司违背了《反垄断法》，因为小商家不能得到股东应有的权利。

1963 年 12 月，美国司法部向蓝筹印花公司及其 9 名创始股东提出反垄断措施。1967 年 6 月在法庭上，双方达成了一致意见，公司将全面改制，创始人将不再对公司实行全面控制。

根据法庭判决，蓝筹印花公司要向那些原本不是股东的小商家提供约621600股普通股，股份的数量将和一段指定时期内向非股东商家派出的印花数量成正比。

621600股中没有被非股东类用户认购的部分将会在公开市场上出售。这部分新股票的数量相当于整个公司普通股的55%。

数以千计的小商家最后得到了蓝筹印花公司的股票，这些股票催生了一个股票交易市场。

巴菲特敏锐地捕捉到了商机，他认为蓝筹印花公司拥有充沛的6000万美元备用金，在用户使用印花换购礼品之前，这些现金都是可以自由支配的。可惜的是，由于缺乏好的赚钱门路，蓝筹印花公司的管理层只是把巨额的备用金放进银行收利息。

巴菲特和芒格认为此时蓝筹印花公司的股票非常便宜，于是大量买进。最终巴菲特、芒格、古瑞恩控制了蓝筹印花公司。

20世纪70年代早期，巴菲特名下的几家公司成了蓝筹印花公司的最大股东，芒格的持股份额排名第二，古瑞恩的持股份额紧随其后。其中伯克希尔、巴菲特和芒格加在一起拥有蓝筹印花公司已经发行的股票的75%。

他们三人积累了足够的股份，可以成为蓝筹印花公司董事会的董事。芒格率先加入了董事会，然后说服董事会接受了古瑞恩，最后巴菲特也进入了董事会。

很快，他们在蓝筹印花公司的持股结构就变得非常混乱。1971年，巴菲特和苏珊·巴菲特（巴菲特的妻子）个人名下拥有蓝筹印花公司

13% 的股份，巴菲特持股 36% 的伯克希尔公司持有蓝筹印花公司 17% 的股份，其持股 42% 的多元零售公司也拥有伯克希尔的股份，而芒格的公司则持有多元零售公司 10% 的股份以及蓝筹印花公司 8% 的股份。古瑞恩的公司也拥有蓝筹印花公司 5% 的股份。

这种复杂的股权结构后来导致了一场漫长的诉讼（见图 9-2）。

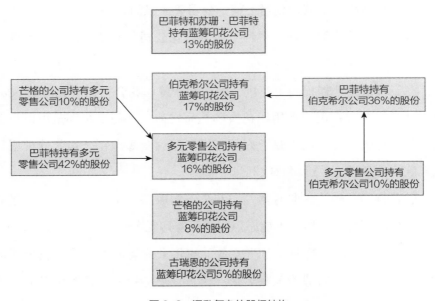

图 9-2　混乱复杂的股权结构

此后几年，买卖印花仍然是蓝筹印花公司的主要业务。1970 年，处于高峰时期的蓝筹印花公司的销售额高达 1.24 亿美元。不过很快印花的买卖开始走下坡路，到了 1982 年其销售额跌至 900 万美元。20 世纪 90 年代末，蓝筹印花公司的销售额更是只有每年 20 万美元，只有一些保龄球馆还在向顾客提供印花。

成了董事后，巴菲特和芒格就获得了公司投资委员会的控制权。于是在印花交易业务日益受冷落期间，投资委员会就致力于开发蓝筹印花公司的备用金账户的价值。

　　巴菲特和芒格通过蓝筹印花公司开展了一系列的投资、收购业务，为开创著名的伯克希尔·哈撒韦时代打下了重要的基础，俩人也成为亦师亦友的伙伴，成就了投资界的一段神话。

9.2 蓝筹印花公司的一系列投资

> 用合理的价格来购买那些拥有
>
> 可持续竞争优势的企业。
>
> ——芒格

巴菲特和芒格通过蓝筹印花公司进行的收购投资中，最大的一单是收购陷入困境的资源资本。这是一家成立于 1968 年的封闭式基金公司，由基金经理弗雷德·卡尔管理。卡尔一度是个响当当的人物，但很快就因为 20 世纪 70 年代早期起伏不定的股市表现而毁了名声。卡尔退出资源资本的时候，它的净资产值是 18 美元一股，但交易价只有 9 美元。

卡尔离开后，接手的基金经理相当有天分，投资思路与芒格和巴菲特很相似。

蓝筹印花公司买入了资源资本 20% 的股份，芒格成了董事，他和基金经理相处得很好。芒格和巴菲特在接下来的几年中为资源资本介绍了很多高端客户。至今资源资本仍然是一家独立的公司，仍在纽约证交所挂牌交易。

巴菲特和芒格的多数收购意向都进行得相当顺利。不过有些想要收购的资产他们并没有买到。1971 年，蓝筹印花公司试图溢价收购《辛辛那提询问报》。这份报纸当时每天的发行量为 19 万份，星期天特刊的发行量则为 30 万份。

由于美国司法部控告它非法垄断了辛辛那提市场，报纸的拥有者——斯克里普斯公司不得不出售报纸业务。蓝筹印花公司向斯克里普斯公司及附属公司出价 2920 万美元想要收购，但被拒绝了。

在 1980 年，蓝筹印花公司旗下有五类业务：买卖印花业务，喜诗糖果、韦斯科金融、《布法罗晚报》及精密钢业。

在此期间，蓝筹印花公司对于韦斯科金融的收购引发了一场不愉快的纠纷。

在 1972 年夏天，有一位中间人向巴菲特和芒格出售一部分韦斯科金融的资产，韦斯科金融是总部位于帕萨迪那的互助储蓄借贷联盟的母公司。韦斯科金融的股价不过 10 美元左右，不到它账面价值的一半，巴菲特和芒格都认为这是一桩有利可图的生意，于是通过蓝筹印花公司买入8% 的韦斯科金融的股份。

然而在 1973 年 1 月，韦斯科金融的管理层发表声明，计划和另一家借贷公司——圣巴巴拉财务集团合并。巴菲特和芒格认为，韦斯科金融此举无疑是将自己清仓大甩卖，这笔交易会让韦斯科金融的股东将自己手中定价过低的股票拿出去换回圣巴巴拉财务集团那些定价过高的股票。

芒格说服了巴菲特多买一些韦斯科金融的股票来避免收购，在 6 周内，蓝筹印花公司买下了他们能找到的每一股韦斯科金融的股票，总计占公司股权的 17%，若不是有明文规定持股不得超过 20%，也许芒格和巴菲特会持有更多的股份。

此后芒格和巴菲特开始了反对合并的一系列举动。

芒格先是去拜访了韦斯科金融的总裁路易斯·文森特，看一看他对于自己公司合并计划的看法，所幸，文森特对于公司合并持中立态度，既不反对芒格的阻止合并计划，也支持股东们的合并计划。

为了让股东们投票反对合并，芒格和巴菲特继续采取行动，想要说服韦斯科金融的大股东伊丽莎白·彼得斯。她是一名住在旧金山的女继承人，彼得斯的父亲成立了韦斯科金融，并在 20 世纪 50 年代将其变成了上市公司，彼得斯家族持有很大一部分韦斯科金融的股份。

伊丽莎白·彼得斯希望通过和财务集团合并来提振韦斯科金融低迷的股价。蓝筹印花公司的总裁唐纳德·科普尔试图劝彼得斯改变主意，但他失败了。

巴菲特亲自决定亲自搭飞机过去和她谈。彼得斯坚持要采取一些措施来提振韦斯科金融的市场表现，巴菲特说他愿意亲自来负责。彼得斯虽然被巴菲特的自信所打动，但还是问了他一个问题，彼得斯说："巴菲特先生，如果我相信了你，你却在十字路口被卡车撞死了怎么办？那时谁来拯救韦斯科金融呢？"巴菲特跟她保证芒格会随时待命，事实上芒格也确实保持随时待命。

巴菲特说服了彼得斯投票反对合并，仍然持有家族的韦斯科金融股份。最后的结果让彼得斯非常满意，因为圣巴巴拉财务集团破产了，而韦斯科金融则由于芒格和巴菲特两位董事的加入变得欣欣向荣。

成功阻止了合并以后，芒格和巴菲特在合法的情况下只能再买 3% 的韦斯科金融的剩余股份，合并一取消，他们就出价 17 美元一股买下股票，他们知道短期内韦斯科金融的股票一定会下跌，鉴于合并是被他们搅黄的，芒格和巴菲特认为出价 17 美元对韦斯科金融来说才算最公平。

合并取消后，过了一段时间，他们拿到了批文，蓝筹印花公司又发起了几次股权收购，最终将自己在韦斯科金融的持股比例增加到 24.9%。1974 年，蓝筹印花公司拥有了韦斯科金融的大部分股权。

芒格和巴菲特原本打算继续增持，但在持股到 80% 的时候应彼得斯的要求停止了，彼得斯还是公司的一位单一的大股东。

被调查

蓝筹印花公司错综复杂的股权关系引起了证券交易委员会（SEC）的怀疑，同时他们对韦斯科金融的交易存在疑虑。

当证券交易委员会开始调查的时候，发现了三家交叉持股的公司，股权结构复杂。证券交易委员会经过仔细的研究，最终决定集中调查一件事——伯克希尔是如何收购韦斯科金融的。

对于此次调查，芒格这样说道：如果你做的事情非常复杂，人们则会认定你很有可能在做什么坏事。"的确，巴菲特、芒格、古瑞恩在一堆关系错综复杂的公司都拥有股份。这三个人的投资都以这样那样的方式增长起来，无论他们采用什么结构，在当时都是合法而公平的。但对证券交易委员会来说，这种结构有点太杂乱无章了，令人生疑。

另外，证券交易委员会还关心蓝筹印花公司是否以某种方式违法操纵了韦斯科金融的股价，证券交易委员会敏锐地发现芒格和巴菲特以明显偏高的价格收购了韦斯科金融的股份，并因此怀疑这是出于强制收购的目的，而不是像他们所解释的出于公平的目的。

巴菲特对于证券交易委员会的调查反应平静，只是将三大箱文件、备忘录、股票交易文件等寄去华盛顿，而芒格却不耐烦起来。

1974 年秋天，芒格写信给他的律师说："我希望目前正在进行的调查能让证券交易委员会的人都满意，如果不能满意，请你确保我及时收到任何回音，最好是直接打电话给我，以便于解决任何问题，让我们的收购圆满结束。"

证券交易委员会对巴菲特的投资公司开展全面的调查，除了韦斯科金融还将调查范围扩大到资源资本身上。此时芒格和巴菲特意识到他们的财务关系过于复杂，很难向证券交易委员会解释清楚，于是他们决定重组，简化股权结构。

芒格结束了惠勒和芒格证券公司的任职，以 5 万美元的年薪在蓝筹印花公司担任主席。巴菲特则关掉了自己的合伙公司，把注意力集中到伯克希尔身上。

1975 年，芒格在证券交易委员会就蓝筹印花公司事件出庭作证，竭力想使那些官员们相信他和巴菲特在合并计划流产后出高价收购股份只是出于公平的考虑。

证券交易委员会认为公司投资者的工作是为股东赚取利润，而不是在股票交易中让那些无名的卖家获利。芒格解释说，他和巴菲特希望那样的行为能够证明蓝筹印花公司的公正性和善意，从而提高公司的声誉，最终会对股东有利。不过这一解释收效甚微。

经过了一系列标准流程后，证券交易委员会对蓝筹印花公司提出了一项法律诉讼，指控公司购买韦斯科金融并不只是为了一项投资，而是为了阻止合并。同时也指出，蓝筹印花公司在韦斯科金融合并计划流产后，人为地将韦斯科金融的股价推高了好几个星期。

芒格和巴菲特承诺再也不会犯同样的错误。

蓝筹印花公司被要求向韦斯科金融的股东支付 115000 美元，因为证券交易委员会认定他们在那次商业行为中受到了损失。

那是一段压力很大的日子，不过最后伯克希尔成了一家规模更大、结构更简单的公司。在以后的重组过程中，蓝筹印花公司卖出了它在资源资本中的股份，当时的股价已经翻了一倍。

多元零售和蓝筹印花公司都被并入了伯克希尔，这让芒格最终得以在伯克希尔有一个正式的职位。芒格得到了在伯克希尔 2% 的股份，并担任副主席，薪水仍然是 5 万美元。

当合并完成后，芒格和巴菲特一起写了一封致股东的信："管理合并后的企业对我们来说简单得多，成本也降低了。同时，简单能让我们更了解自己在做什么，因此也有利于实现更佳的表现。"

伯克希尔和蓝筹印花公司合并后，伯克希尔持有蓝筹印花公司 60% 的股份。1983 年 7 月 28 日，伯克希尔收购了蓝筹印花公司其余 40% 的股份。每一股蓝筹印花公司都换得了 0.077 股伯克希尔的股份，合并后的公司总资产约为 16 亿美元。

多年以后，芒格说："合并是正确的选择，现在的情况简单得多。从那以后我们就有了一个最简单的结构。在最高层只有一家大公司——伯克希尔，不过结构图的下面还是有点复杂。有些公司是 100% 持股的，有些是 80%，有些只是持有一大笔股票而已。"

回想这一段经历的时候，芒格发现最有趣的是用不到 4000 万美元的资金创造了几十亿美元的财富。在这个过程中真正重大的商业决定却并不太多，不会超过每三年一次。芒格认为这个投资经历显示出的是一个不同寻常的聪明人的优势，他不是只追求利益，而是将无比的耐心和果断坚决结合在一起。"

1972 年，蓝筹印花公司的资产负债表上的净值约为 4600 万美元；到了 1981 年年底，增长到了 16900 万美元，10 年间增长了 267%。股东在这 10 年间的年投资回报率是 15%。该公司以前运营的那些子公司的税前收入超过了 15000 万美元。

蓝筹印花公司至今仍然是一家完整的公司，如果人们在厨房抽屉的角落里仔细找一找，或者打开过世的母亲留下的箱子发现了一本蓝筹印花的话，他们还是可以拿去交换。

芒格和巴菲特决定把蓝筹印花公司一直开下去，因为他们认为还会有相当数量的未兑换的印花出现，想到伯克希尔成了那些曾经为公司分一杯羹而斗争的小商家们一生中最好的投资，他们都兴奋不已。

9.3 高价买入喜诗糖果

> 在评估一家企业时，最重要的一点是定价权。如果企业有能力提高价格而又不输给竞争对手，这就是一家优质企业。喜诗糖果多年来一直保持着定价权，这意味着喜诗糖果拥有牢固的护城河。
>
> ——芒格

芒格和巴菲特借助蓝筹印花公司收购了喜诗糖果、《布法罗晚报》。1972 年，蓝筹印花公司以 2500 万美元收购了喜诗糖果。喜诗糖果的座右铭是"质量百分之百"，这更像是芒格的精神代表。

收购喜诗糖果是芒格和巴菲特一起做的最早的几桩生意之一，这也是他们第一次公开收购的公司。不过最重要的是，喜诗糖果给芒格和巴菲特上了一课，让他们的投资风格大为改变。

1972 年，芒格和巴菲特利用蓝筹印花公司的备用金账户，以 2500 万美元的价格收购了喜诗糖果，当时的喜诗糖果是洛杉矶的一家小型公司。这对芒格和巴菲特来说是很重要的一步，因为那是当时他们进行的最大宗的收购行动。

在这里有必要讲讲喜诗糖果的创业历史。

1921 年，玛丽·西伊在 71 岁的时候开办了喜诗糖果——一家位于洛杉矶社区的小糖果店，店里的糖都是她自制的配方，在此过程中她得到了儿子查尔斯的帮助。

查尔斯曾经在加拿大担任药剂师，在一场森林大火毁掉了他的两间药房后，他就转行了。他当上了巧克力店的销售员，梦想有一天能开一家属于自己的糖果店，最终他和妈妈在洛杉矶开了一家属于自己的糖果店。当时的洛杉矶是一个蓬勃发展的城市，有 50 万居民。

喜诗糖果店开业后的发展道路并不好走，因为市场上有数以百计的竞争对手，喜诗糖果和他的合伙人决定集中精力用高质量的产品来建立声誉。

1929 年股市崩盘，大萧条开始，喜诗糖果被迫将一磅糖果的售价从 80 美分下调到 50 美分。由于说服了房东降低租金，喜诗糖果得以存活下来，其他的糖果制造商纷纷破产。

第二次世界大战期间，因为糖原料的紧缺，糖果行业出现了第二次危机。喜诗糖果决定根据配方，利用公司能得到的资源，尽可能地生产高质量的糖果，而不是通过改变配方来降低质量。顾客们在店门口排起长队来买限量发售的巧克力，一旦当日供应售完，他们就会关门。事实证明这是一个明智的市场策略，排队的人群让喜诗糖果获得了更高的销量。

第二次世界大战后，玛丽的孙子哈里·西伊在自己的哥哥死后接管了公司，哈里非常喜欢享受生活，喜欢到世界各地去旅行，还在纳帕山谷建了一座葡萄庄园。没多久，哈里就决定卖出公司的股权收回现金。

1970 年春天，喜诗糖果开始和买家进行联系，有许多买家对收购该公司感兴趣，其中包括来自夏威夷的拥有 C & H 品牌和其他品牌的糖业公司。但因为哈里对外的报价较高，吓退了一些买家。

那时，蓝筹印花公司的投资顾问罗伯特·弗莱厄蒂听到了这家高级巧克力连锁店打算出售的消息后，便联系了蓝筹印花公司的执行官威廉·拉姆齐，后者对于购买喜诗糖果非常感兴趣。拉姆齐和弗莱厄蒂于是向巴菲特推荐了喜诗糖果。

巴菲特一开始并不看好喜诗糖果，而芒格在看了喜诗糖果的业绩报表后，说服巴菲特以一个特定的价格来收购喜诗糖果。

哈里出价 3000 万美元，但由于公司账面过低，芒格和巴菲特决定出价不超过 2500 万美元。刚开始他们谈崩了，不过很快哈里接受了 2500 万美元的出价。

芒格和巴菲特于 1972 年 1 月 3 日正式收购了喜诗糖果，付出的价格是账面价格的 3 倍，这是他们以前从来没有做过的事情。

1972 年这桩收购案在报纸上公告的时候，人们知道是蓝筹印花公司买下了它。当时喜诗糖果的总裁查尔斯·哈金斯回忆说，"人们对蓝筹印花公司并没有太多的好感，因为它们才经历了一场反垄断的官司，看起来并不怎么样，这也令我们很多忠实的客户在品尝糖果的时候觉得口感欠佳。1972—1973 年，我花了很多时间和那些有疑虑的客户打交道，他们对于哈里把公司卖给这样一家会毁了喜诗糖果的公司非常愤怒。一夜之间我们接到很多投诉信，大家都说糖果的味道变了。"哈金斯花了近两年的时间抚平了因公司出售而引起的顾客情绪波动。

一切步入正轨后，喜诗糖果开始拓展在密苏里、得克萨斯和科罗拉多的市场。1982 年，喜诗糖果参加了在田纳西州的世界博览会，并在博览会的展览上大获成功，以至于它在当地开了一家分店。

有段时间，喜诗糖果被来自中西部的一家主要的糖果商所攻击。

1973 年，拉塞尔·斯托弗糖果大举开设他们自己的店铺。他们决定对喜诗糖果展开一场攻坚战，其店面看起来就和喜诗糖果一模一样，他们抄袭喜诗糖果的形象设计，想把喜诗糖果赶出市场。

哈金斯回忆说道："斯托弗糖果想要攫取我们的市场，我把情况告知了芒格和巴菲特，芒格建议我用法律手段解决问题，起诉他们侵犯了我们的商标权，如何寻找及收集证据，芒格给了我很多指点。"

哈金斯聘请了一位摄影师，派他去斯托弗的店里拍下所有和喜诗糖果商业外观相似的地方，诸如方格地板、格子窗以及挂在墙上的老照片。

最终由于芒格和托尔斯律师事务所的介入，对方退却了，停止了侵权行为。

哈金斯回忆说："芒格告诉他们，如果继续这样做下去的话，我们打算采取哪些法律措施，把他们吓得要命。他们放弃了，同意不再开设任何新的抄袭店，已有的店面也会在一段时间内整改。"

芒格说："喜诗糖果的竞争优势之一在于它是市场中的领导者，有一些行业中，竞争的本质就是有一家公司会获得压倒性的优势而胜出。赢者全胜是大势所趋，这种规模优势非常厉害。举个例子，杰克·韦尔奇执掌通用电气的时候曾断言：要么就在自己所从事的每个领域中都数一数二，要么就干脆退出。这是非常强硬的立场，不过我认为要考虑股东的利益最大化，这样做是完全正确的。"

在那段时间里，哈金斯对芒格有了深刻的认识，他评价芒格道："虽然芒格言行鲁莽，但是他非常务实。他和本杰明·富兰克林非常相像。"

20 世纪 90 年代，喜诗糖果开始了一次更为小心谨慎的扩张行动，这次他们没有开新店，而是在机场和百货公司里开设专柜。

　　20 世纪末，喜诗糖果在全美各地共有约 250 家黑白色调的店铺，其中三分之二在加利福尼亚。公司每年售出 3300 万磅糖果。其中 75000 磅是通过公司网站售出的，他们也提供免费电话服务。1999 年公司的销售额是 3.06 亿美元，税前营业利润达到了 7300 万美元。

为优质的资产付出更高的价格

　　芒格在追忆往事时提到："收购喜诗糖果的价格高出其账面价值很多，不过还是有回报的。而我们收购连锁百货店 Hochschild Kohn 的价格虽低于其账面价值和清算价值，却完全没有效果。这两件事加起来帮助我们转变了投资思路，开始接受为优质资产付出更高价格的观念。

　　收购喜诗糖果前，由于受到格雷厄姆的影响，芒格和巴菲特还是捡便宜货的专业户。不过随着业务的增长，他们有了新的想法，转变势在必行。芒格说："你可以到别人涉足不多的领域里去看看，那里通常会有很多机会。"

　　当他们发现喜诗糖果是一门出色的、不断发展的生意后，芒格和巴菲特认识到，收购一家优质公司让它继续运作下去要比买下一家价格很低却在苦苦挣扎的公司，然后费时费力甚至费钱去拯救它要容易和愉快得多。

　　巴菲特说，"要是我们没有买下喜诗糖果，我们也不会买可口可乐，感谢喜诗糖果为我们赚到了 120 亿美元。我们很幸运地买下了全盘业务，这件事教会了我们许多。我们曾经收购过风车，确切地说是我自己收购风车，芒格从来没有涉足过风车业务。我还拥有过二流百货商店。水泵公司和纺织厂……"巴菲特认为这些和风车业务一样麻烦不断。

芒格说："通过收购喜诗糖果，我们学会了思考和行事方式必须经得起时间的考验，那些经验让我们在其他地方的收购更为明智。我们通过和喜诗糖果的合作学到了许多。"

喜诗糖果的增长速度不快，却稳定可靠，最出色的地方——它不需要额外投入资金。虽然喜诗糖果在伯克希尔的投资历史上占据荣耀的地位，但它现在的业务量只占伯克希尔非常小的一部分。即使喜诗糖果现在的市值有 10 亿美元，它在伯克希尔的市场资本总额还不到 2%。

9.4 收购《布法罗晚报》

> 我们镇定下来，尽最大可能地利用好顺
> 风和逆风，然后等待若干年后的结果。
>
> ——芒格

《布法罗晚报》是运用蓝筹印花公司的备用金账户收购的最有影响力的一笔资产，随着芒格和巴菲特收购了这份东部地区知名的报纸，他们的眼界更为广阔，收购范围从小型的地区性公司扩大到了更知名的资产。

布法罗市是纽约州第二大城市，位于美国和加拿大交界处，著名的尼亚加拉瀑布边上，距离加拿大重镇多伦多约 90 分钟车程。

布法罗新闻集团成立于 1880 年，多年来都由一个叫"巴特勒"的家族运营。1974 年，该家族一位重要的成员去世，这份报纸作为她的遗产进行拍卖。直到 1977 年，芒格和巴菲特才飞到康涅狄格州和一位负责这单交易的报纸经纪人谈判。

巴菲特首先开出 3000 万美元的收购价格，但被对方拒绝了，他接着提高到了 3200 万美元，考虑到《布法罗晚报》1976 年的税前利润只有170 万美元，这个价格已经相当高了。不过，这个报价仍然被拒绝了。

芒格和巴菲特商量后，报出了 3250 万美元的收购价，最后，这个报价被接受。这个价格在当时非常大胆，因为这一收购价占了伯克希尔当时净资产的 25%。

蓝筹印花公司收购《布法罗晚报》的时候，虽然它在纽约州西部拥有稳定的读者群，但是依然面临不少难题。

当时的布法罗正逐渐成为一个典型的锈带城市，即美国中西部一带的老工业区，因为制造业的下滑，被遗弃的设备锈迹斑斑而得名，《布法罗晚报》因此面临着消费者萎缩的难题。

除此之外，《布法罗晚报》还面临其他的难题。

《布法罗晚报》和《布法罗新闻快递》之间的竞争非常激烈，后者是一份历史悠久的报纸，马克·吐温曾在这家报纸担任编辑。另外，《布法罗晚报》不发行周日特刊，虽然在平时《布法罗晚报》和《布法罗新闻快递》的销量是 4∶1，利润丰厚的周日特刊让《布法罗新闻快递》得以存活下去。

芒格和巴菲特知道，长远来看，只有一份报纸能够在布法罗地区存活下来，他们收购的《布法罗晚报》要么消失，要么就一家独大。芒格和巴菲特开始对《布法罗晚报》进行改进。

芒格和巴菲特把《布法罗晚报》改成《布法罗新闻》，同时开始发行周日特刊。

最初，特刊免费赠送给老读者，后来在书报摊上则只卖 30 美分，而《布法罗新闻快递》和纽约州西部其他报纸的周日特刊要卖 50 美分。

由于《布法罗新闻》针对老读者的特别优惠以及大量的广告投入，《布法罗新闻快递》对《布法罗新闻》发起一场诉讼，声称他们违反了《谢尔曼反垄断法》。1977 年，纽约地区的一名法官认为情况属实，发出强制令，停止了《布法罗新闻》周日特刊短暂的发行生涯。

虽然芒格和他聘请的律师尽了最大的努力，强制令还是持续了两年。芒格和马歇尔的一位洛杉矶的朋友欧内斯特·扎克也被请来帮助进行这场诉讼。

最终经历了艰难的五年，《布法罗新闻》的问题得到了解决。一个上诉委员会推翻了强制令的决定，认为没有证据表明被告有任何真正实质性的伤害。

诉讼虽然解决，但是《布法罗新闻快递》和《布法罗新闻》都在继续亏本发行。1979 年，《布法罗新闻》有 460 万美元赤字。芒格回忆说：
"我亲自算了一遍，算出了我的股份到底亏了多少钱，还算了算我的家庭最多能承受多少损失。"

美国在 20 世纪 80 年代初经历了一次严重的经济衰退，让《布法罗新闻》的经营情况雪上加霜。《布法罗新闻快递》在和《布法罗新闻》之间的市场之争进行到一半的时候，被出售给明尼阿波利斯市的考尔斯家族，于 1982 年 9 月 19 日正式停刊。

即便和别的报纸之间对读者的争夺不那么激烈，《布法罗新闻》的利润还是上升缓慢。随着伯利恒钢铁公司许多部门的关闭，20 世纪 80 年代整个布法罗地区 23% 的制造业职位消失了。当时布法罗地区的失业率高达 15%，导致一家又一家的零售商店关门，从而也压制了《布法罗新闻》的广告收入。而经济还不是唯一的问题，各地的报纸都在电视和其他新媒体的冲击下逐渐失去了市场。

1981—1982 年，《布法罗新闻》的运营利润下降了一半，而未来几年的展望也并不乐观。

芒格当时一直被可能导致自己双目失明的眼疾所困扰，他认为应该对投资《布法罗新闻》所产生的赤字及其失去的机会成本向蓝筹印花公司的股东负管理责任，1981 年他在致蓝筹印花公司股东的信中写道："如果没有《布法罗晚报》和它现在背负的赤字，我们现在应该有 7000 万美元的其他资产，每年的利润超过 1000 万美元。不管未来《布法罗晚报》如何发展，我们几乎可以百分之百地肯定，要是我们没有进行这项收购，经济情况会好得多。"

然而，这一次芒格的预言被证明是一个错误。

不久，布法罗的经济开始有了起色，报纸的利润大幅增长。《美加双边自由贸易协定》也有助于《布法罗新闻》振兴起来，利润一路上涨。

巴菲特在《布法罗新闻》事件中始终站在前线，在解决竞争问题以及与美国报业工会之间的麻烦过程中一直有他的身影。芒格大部分时间待在幕后，他会定期和自己的合伙人接触，讨论业务和法律策略。

斯坦福·利普西曾评价芒格道："芒格在收购《布法罗晚报》的时候参与了很多事情。"利普西曾经是周刊《奥马哈太阳报》的编辑，这份周刊也是被巴菲特所持有的。在利普西的领导下，《奥马哈太阳报》因为曝光孤儿乐园事件赢得了 1973 年的普利策奖。利普西在《布法罗新闻》发展最黑暗的时候加入，负责整份报纸的运营。

《布法罗新闻》是布法罗地区最后仅存的一份都市日报，在纽约西部的 8 个郡发行，共有 8 个日报版本和 3 个周日特刊本。星期天有 80% 的人阅读，平时有 64% 的人阅读，其市场占有率位列全美报纸 50 强。曾经一段时间公司每日发行量将近 30 万份，带来 15700 万美元的收入，

税前利润则有 5300 万美元，被称为是全美最赚钱的报纸，投资回报率
高达 91.2%。

虽然早期对报纸业充满兴趣，但芒格和巴菲特表示他们再也不会和
像以前一样一往无前，因为随着科技的发展，电视和互联网之类的媒体
已经改变了人们获取资讯的方式，因而报业的前景也相当黯淡。事实上，
芒格认为，互联网会加剧竞争，让所有公司都更难盈利。

巴菲特在 2015 年的股东大会上曾表示，对报业持悲观态度。他表示，
大多数报纸已经无法被挽救，而能留下来的更多是《华尔街日报》等头
部玩家。

2016 年芒格和巴菲特将《布法罗新闻》等报纸业务出售给了其他出
版商。

Chapter Ten

第 10 章

伯克希尔诞生

　　巴菲特刚收购伯克希尔公司的时候，伯克希尔还是一家规模很小、难逃一死的新英格兰纺织品企业，接管伯克希尔后，芒格和巴菲特进行了一系列令人眼花缭乱的收购和投资，凭借他们高超的投资艺术，伯克希尔最终成为世界上最有价值的投资公司。

10.1 收购伯克希尔，开启大手笔投资

> *如果别人不经常犯错，*
> *我们就不会这么富有。*
>
> ——芒格

巴菲特在 1965 年接管了伯克希尔这家经营不善的纺织厂后，通过其在保险业和其他行业的一系列收购，以及对可口可乐、美国运通、富国银行等公司的经典投资之后，将伯克希尔变成了历史上最成功的投资机构之一。

1962 年，巴菲特第一次买入伯克希尔的股票，当时，这家公司是一家濒临破产的纺织企业。

而后巴菲特开始大量买进该公司的股票，直到 1965 年完全控制了这家公司，当时这家公司的净资产只有 2000 多万美元。

1969 年，巴菲特解散了他的合伙公司，给出的解释是股票市场大势已去，很难再找到格雷厄姆所说的有投资价值的便宜股票。巴菲特在解散公司的时候，已经收集了伯克希尔足够的股份来接管该公司，他打算将基金中的大部分资产和自己的大多数资金都转到伯克希尔的名下。

20年来巴菲特一直试图在这家公司同时进行制造业生产和其他投资这两件事。在芒格眼里，伯克希尔是"一家规模很小、难逃一死的新英格兰纺织品企业"，他形容得非常准确。

在后来的回忆中，巴菲特说这是他投资生涯中最大的错误："在1966年之后的18年里，我们在纺织行业里一直进行着不懈的努力，但最终也只能无功而返。1985年，我终于认输了，被迫终结了我们的纺织事业运营。"

1985年，巴菲特将制造业方面的业务全部清盘，将伯克希尔的全部注意力集中在收购并持有其他公司上。芒格和巴菲特都结束了自己的合伙公司，把蓝筹印花公司及其子公司并入伯克希尔，事情变得简单而又清楚。

作为保险及其他一些附属机构的控股公司，伯克希尔无须像典型的共有基金和养老金一样迫于法规压力无法进行多元化投资。伯克希尔全资拥有好几家现金充裕的公司，它的股票组合集中在一小部分特定的公司身上。

芒格和巴菲特为今天的伯克希尔打下了基础，剩下的事情就是使其条理化。

在后面的几年里，伯克希尔收购的步伐让人眼花缭乱。伯克希尔的主要持股包括美国广播公司，政府员工保险公司(CEIGO)的普通股以及安可保险公司的优先股。芒格和巴菲特很快又买下了内布拉斯加家具城和奥马哈最好的珠宝商场博施艾姆。他们还曾持有过广告代理机构如埃培智市场咨询、奥美以及《波士顿环球报》的股份，不过这三家公司后来都出售了。

巴菲特从大学开始就拥有了政府员工保险公司的股票。不过后来他把这只股票卖掉了。巴菲特在格雷厄姆门下读研究生的时候学到了保险股的基本概念，格雷厄姆当时是 GEICO 的主席。巴菲特在伯克希尔运用了这一特长。

1976 年，他准备再次买入的时候，GEICO 的经营状况不佳，它的一位高级管理人员自杀了，公司濒临破产边缘。虽然巴菲特不希望买进需要拯救的公司，但他看到了 GEICO 业务中最重要的优势，认为只要管理得当，公司就能存活并繁荣起来。

1976—1981 年，伯克希尔向 GEICO 注资 4500 万美元，到了 1995 年的时候这笔投资的价值超过 19 亿美元。最终，伯克希尔公司买下了整家公司。芒格说这其中没有牵扯到任何特别的策略，只是等待并观察机会。

芒格说："我们的规则是纯粹的机会主义，我们并没有一个总体的规划。要是伯克希尔有一个总体的规划的话，那一定是背着我做出的。我们既没有总体规划，也没有一名规划师。"

从喜诗糖果开始，芒格就一再劝说巴菲特为优质资产多花些成本是值得的。芒格一直都在为如何收购更优质的公司而焦虑，他想找到那些具有长期良好收益潜力、不会惹太多麻烦的公司，这与芒格如何经营自己的人生是一致的。他不追求快速致富，而是寻求长期成功。

芒格想投资一家强力的特许经营公司，他认为可口可乐是极具投资价值的公司，便推动巴菲特投资可口可乐。

伯克希尔在 1988 年开始大量买入可口可乐的股份，截至 1988 年年底共持有 1417 万股，成本为 5.92 亿美元，每股平均购买价为 41.8 美元，当年可口可乐的每股净利润为 2.84 元，购买价的市盈率为 14.7 倍。

1989 年，巴菲特继续增持可口可乐的股票，总持股数翻了一倍，为 2335 万股，总成本为 10.24 亿美元，新购入股票的平均价格为 46.8 美元，市盈率约 15 倍。

到 2019 年第四季度结束时，伯克希尔依然持有可口可乐 9.3% 的股权，价值约 220 亿美元。

在其三十多年的投资生涯中，巴菲特每个季度都可以从这一投资中获得一笔巨大的现金收益，累计约 70 亿美元。

投资可口可乐成为伯克希尔经典的投资案例，只要提到以合理的价格买进优秀的企业的例子，芒格和巴菲特都会提起可口可乐。

1989 年的下半年，伯克希尔完成了三笔大交易，标志着伯克希尔从此成了全球金融界的一个有力竞争者。

他们向吉列、冠军国际总计投资了 13 亿美元。1989 年，伯克希尔出资 6 亿美元购入了吉列优先股。吉列是一家有着平民化历史的公司，很合芒格和巴菲特的胃口。1901 年，金·吉列创立吉列，当时名叫"美国安全剃刀公司"，1904 年公司更名为"吉列安全剃须刀"。

吉列在全球剃须刀市场的占有率高达 40%。除了剃须刀业务，吉列还拥有立可白、比百美、华特曼钢笔以及欧乐–B 牙刷等品牌。1996 年，吉列出资 78 亿美元收购了金霸王电池，这是吉列历史上最大的一笔收购。

1985 年，吉列的收入增长达到了惊人的 15.9%。20 世纪 90 年代末，吉列投入一大笔研发资金开发了一款新型的剃须刀，但是销量没有达到预期的水平，收入最终大幅下降，因此引发了吉列股价暴跌，并导致伯克希尔的股价下跌。

大量的投资者急于抛售吉列的股票，芒格和巴菲特坚定地继续持有吉列的股票，芒格坚信吉列公司的自身有一定价值，巴菲特开玩笑说："就算公司的股价暴跌了，可是我还是会睡得很香，因为我知道全世界有近25 亿男人要刮胡子，那么公司的产品还是有很广阔的市场，所以我还有什么好担心的呢？"

1991—1997 年，吉列的净利润从 2.82 亿美元增长至 9.53 亿美元，年均增长率为 22.5%，公司市盈率和股价都快速上升，市盈率在这期间皆维持在 30 倍以上，在 1997 年年底更是达到了 58.8 倍。在这期间，伯克希尔持有的吉列股票市值从 13.47 亿美元增长至 48.21 亿美元，年均增长 23.7%。

2005 年，因为宝洁公司并购吉列，伯克希尔持有的股票总值超过了51 亿美元，从 6 亿美元到 51 亿美元，巴菲特和芒格仅仅用了 16 年，平均每年的收益率高达 14%，这比当时的标准普尔 500 指数的收益率还要高出 1 倍多。

虽然伯克希尔有了一系列成功的大手笔投资，但是他们也经常遭遇失败，在伯克希尔 1977 年的年报中，巴菲特和芒格承认："我们在过去10 年中犯过一些严重的错误，不过令人欣慰的是，投资行业允许人们犯错，同时还能实现相当令人满意的业绩。"

10.2 伯克希尔的投资特色

> 你必须理解胜率，并且要坚持在胜
> 率偏向于自己时再采取行动，这是
> 一项准则。
>
> ——芒格

整个 20 世纪 80 年代一直到 20 世纪末，芒格和巴菲特展示了高超的投资水平。当他们收购一家公司的时候，管理层通常都不会发生变动，因此他们的收购不会太费心，只要拿到利润，然后将资金做最优化分配。

芒格说："我们对收购的企业最主要的贡献就是什么都不做。我们绝对不会干扰那些办事卓有成效的经理人，特别是那些有点性格的人。正直、聪明、经验和奉献精神，这些都是一家公司要运作良好所必需的经理人的特点，我们非常幸运这么多年来能和一群这样优秀的人一起工作。我认为，要是让我们自己来管理的话，要做得比现在更好是非常困难的。"

投资优质公司

20 世纪 90 年代早期，伯克希尔旗下拥有一批引人注目的企业以及强势的证券投资组合，旗下公司不仅有充沛的运营现金，还有充沛的备用金，这些钱都由芒格和巴菲特管理。

伯克希尔的收购业务持续了一段时间，投资的大部分都是优质公司。

巴菲特说："芒格让我关注到了优质企业能带来不断增长的利润这一优势，不过只有当你非常确信这一点的时候才行，不要像德州仪器或是宝丽来那些公司，所谓的赚钱能力都是假设性的。"

巴菲特继续运用从格雷厄姆那里学来的套利技巧，偶尔做一些短期投资。伯克希尔在 1989—1990 年间买过 RJR 纳贝斯克的垃圾债券，在 1989—1991 年间买过富国银行的股份，1991 年收购了 H.H. 布朗鞋业公司，这是一家北美地区鞋业制造商中的领导者，后来被别的鞋业公司收购。

1992 年，巴菲特购入通用动力 14% 的股份，他的老朋友，芝加哥的克朗家族是这家公司的大股东。冷战结束后，通用动力的军工业务一落千丈，管理层为了新的、规模较小的业务彻底重组了公司。随后，世界政治形势发生了新的变化，通用动力的股票从巴菲特买入时的 11 美元急升至 43.5 美元，巴菲特后来卖出了股份，收益相当可观。

同一年，伯克希尔购入了中央州立保险公司，这是一家信用保险公司。

1993 年，伯克希尔得到联邦贸易委员会的许可，在已有的基础上增持所罗门兄弟的股份到 25%。同年，伯克希尔通过股权交换的方式收购了德克斯特鞋业，从而扩张了旗下的制鞋业务。1995 年，伯克希尔收购了 R.C.Willey 家居装饰和海泽伯格钻石，为旗下家居和珠宝业务增添了新成员。

差不多就在这个时候，芒格和巴菲特开始因为能够比其他投资者得到更好的交易条件而招来包括《华尔街日报》在内的批评之声。在所罗门兄弟和美联航的交易中，伯克希尔得到的交易条款特别优厚，而这些收购都不是在公开市场中进行的。

实际上，在收购公司的过程中，伯克希尔都在扮演着"救星"的角色，不是将被收购的公司从恶意收购中解放出来，就是注入一笔救命的资金。他们的收购通常以优先股的形式出现，这些优先股可以得到利息，在特定价格也可以转换为普通股。

芒格为这种类型的交易进行了辩护，说伯克希尔拥有别人得不到的条款是非常正常的，因为伯克希尔为对方带去的不只是现金。芒格说，除了提供"耐心"资本让管理层能实行长期策略，巴菲特还会提供忠告和鉴定意见。同时，芒格指出，其他股东也会因为这些公司的股票价格上升而受益。

在20世纪的最后十年中，芒格和巴菲特一直坚守他们理想中的投资策略，只要有可能，就对公司进行整体并购。一旦伯克希尔拥有了整家公司，他们两个就能以自己认为合适的方式来分配公司利润。

在此期间，伯克希尔控股的结构进行了一次大规模的调整。1996年年初，伯克希尔的股票投资组合在总共299亿的美元资产中占到了76%，到了1999年第一季度末，股票只占32%，而那时公司的总资产已经高达1240亿美元。

这三年中，伯克希尔花了273亿美元买下了7家公司。在2000年的年度大会上，芒格和巴菲特解释说，通过整体拥有这些公司，他们能将反复无常的股市或是伯克希尔股价波动造成的影响降到最低。

伯克希尔持有3600万美元的现金及等价物，财务评级AAA，这些都赋予了芒格和巴菲特强大的收购能力。保险分析师指出，伯克希尔已经成为企业家心目中的"第一号买家"，因为企业家既想继续运作自己的公司，同时也不想管筹集资金和分配资金的问题，卖家中包括私人公司或是股权非常集中的公司，他们的主要投资人都希望能将自己的资产变现。这就是说，持有人可以用自己的持股来交换伯克希尔的股份，无须缴纳太多的税金，以后在伯克希尔的股价到达心理价位的时候卖出就可以了。

伯克希尔更希望支付现金，不过必要的时候也会进行股份交换。许多在公司中持有大量股份的家族坚持要采用免税的股份转让形式，免得将自己的财富中的一大部分交给美国税务局。

伯克希尔可以做到一有意向就交付资金，不需要经历什么委员会的审核流程或者其他复杂的流程，这意味着好的投资想法直接就提交到了奥马哈，伯克希尔对于想收购的资产通常只接洽一次；从来没有人在第二轮谈判中从伯克希尔那里得到一个更好的价格。显然，伯克希尔在收购资产时占据强势地位。

保险行业的投资

备用金充裕的优质保险资产始终是伯克希尔的发展如火箭般垂直上升的动力所在，正如之前提到的那样，巴菲特最早在哥伦比亚大学的时候就学习了保险知识，因为他发现自己的老师格雷厄姆是 GEICO 的主席。伯克希尔最早于 1967 年进入保险业，投资额是 860 万美元。到了 20 世纪 90 年代末期，保险资金高达 100 亿美元。芒格说，保险公司的运作良好，是因为采取了保守的业务方式。

芒格承认，伯克希尔的重大事故保险部门让公司在某种程度上相当脆弱，不过他认为他们已经成为评估风险的专家，可以合理地处理问题。

1994年，加州的北岭地区发生大地震，造成了巨大的损失，虽然公司并没有透露具体金额是多少。尽管如此，当年伯克希尔保险部门的报告中，来自保险业务的利润是12990万美元，还有41940万美元来自投资。

1994年8月，巴菲特因为将大都会通讯出售给沃尔特·迪士尼而拥有了20亿美元的现金。他于当月开始和GEICO的联合主席路易斯·辛普森谈判，要求购买保险公司中除伯克希尔拥有的另外50%的股份。在购买过程中，有很多棘手的问题需要解决，包括如何公平地管理股票交易，因为GEICO给股东分红而伯克希尔不这样做。

谈判进行了7个月，双方请来了纽约投资银行摩根士丹利帮助定出一个对GEICO公平的价格。采用了现金流以及其他衡量标准，最终摩根士丹利建议以每股70美元作为一个公平的价格。巴菲特和芒格商量后，向GEICO的股东提出了70美元一股的现金收购意向。

收购GEICO后的几年，伯克希尔动用了220亿美元收购了通用再保险公司，此举惊动了整个保险界，奠定了伯克希尔在保险业中的领导地位。这次巨型收购被一些分析家们形容为伯克希尔历史上的"分水岭事件"，而巴菲特自己则说："我们在建造诺克斯堡。"

在通用再保险公司的交易中，有相当一部分机构投资者加入了伯克希尔的股东行列，因为70%的通用再保险股份由共同基金、保险公司和退休金计划所持有。

根据保费计算，伯克希尔是美国第四大灾害保险公司。每年40亿美元的收入让GEICO成了美国第七大汽车保险公司，同时也在所有保险公司排名中位居第18位。

通用再保险公司正如它的名字那样,主要为保险公司提供风险担保。以保费和公积金计算,通用保险公司是美国最大的再保险承包人,全球排名第三,1997 年公司的收益是 83 亿美元。

收购通用再保险让伯克希尔的净值达到了 560 亿美元,在股市的资本总值达到了 1200 亿美元。1999 年年初,投资机构估算伯克希尔每股实际价值是 91253 美元(B 股是 3041 美元一股)。同时,伯克希尔的保险备用金不断增长。根据估算,1998 年伯克希尔来自所有保险类业务的备用金不到 230 亿美元,到 2008 年的时候累积将近 530 亿美元。

未达预期的投资

20 世纪 90 年代是伯克希尔积蓄实力的时期,公司做出的大部分投资是非常精明的,但是 1998 年出现了例外。

当时巴菲特仍然在努力挖掘被低估的资产。有一段时间,投资者发现白银市场出现了较大的波动,许多人怀疑这些买入白银的指令来自伯克希尔。白银市场上一片混乱,充斥着怀疑、猜测、指责等各种反应,有人向监管机构抱怨某些交易商正在操纵市场。芒格和巴菲特站出来承认他们一直在囤积大量的贵金属。巴菲特宣布公司从 1997 年 7 月 25 日到 1998 年 1 月 12 日之间已经购买了 12971 万盎司的白银。

公司的新闻稿是这样写的:"30 年前,伯克希尔的首席执行官沃伦·巴菲特先生就开始第一次购买白银,并预计美国政府即将停止金属货币化政策。从那以后他一直关注白银的基本价值。不过他管理的任何一家公司都没有拥有白银。近年来,大量报告显示贵金属存量下降得很严重,因为用户需求大大高出金属生产和回收的能力。因此,去年夏天巴菲特先生和芒格先生得出结论，要达到供求平衡只可能有一种方法，那就是提高价格。"

1998 年的伯克希尔股东大会上，芒格解释说，公司动用 65000 万美元购买了世界上 20% 的白银，可能对白银市场产生了影响。这代表了一次具有非常典型性的巴菲特式的投资，但是对伯克希尔的盈亏几乎没有影响。

芒格像往常一样警告说，"尽管伯克希尔买入了白银、买入了航空股的可转换优先股或者做了一些其他事情，但是并不意味着别人也应该这么做。如果假定伯克希尔是全美国的正确的榜样，那就大错特错了。要是美国的每一家公司都忽然开始尝试将自己转型成伯克希尔的复制品，一场大灾难就要发生了。"

在 1997 年夏天，他们以每盎司 4.6~4.8 美元购入白银。1998 年 2 月，白银的价格上涨到 7 美元 1 盎司，达到了 9 年以来的高点，不过当年年底白银的交易价就在 1 盎司 5 美元左右，自那以后价格就相对平稳。芒格没有说伯克希尔在白银市场上处于什么地位，而是说基于当时的价格，"非常明显"，伯克希尔对于白银价格的预期没有实现。

伯克希尔的辉煌

> 当你有优势时再行动，你必须理解玩好投
> 资这个游戏，关键在于抓住少数几次机会，
> 当机会来临时，我们要扑过去把它抓住。
>
> ——芒格

　　伯克希尔是股票市场上表现最好的股票之一。34 年来只有 5 年的表现不如标准普尔指数，没有一年账面价值下降过。如果有一名投资者在 1965 年投入 1 万美元购买伯克希尔的股票，到 1988 年 12 月 1 日的时候，该股票价值为 5100 万美元，相比之下，如果买标准普尔指数的话，只能得到 132990 美元。

　　1999 年，佩因韦伯的保险分析师艾丽斯·施罗德估计，伯克希尔的内在价值高达每股 92253 美元。有一种更保守的计算方式，包普斯特基金的克拉曼对伯克希尔的内在价值估值为每股 62000~73000 美元。当时，伯克希尔的每股价格已经从历史最高的 90000 美元跌到了 65600 美元左右，在回升之前还跌到过更低的价格。

　　对于有着如此纪录的公司，股东们的忠诚度也就不难理解了。有些

家族有两三代甚至四代人都和巴菲特一起投资。不仅仅是埃德·戴维斯和他的妻子从伯克希尔获得收益，他们的孩子以及各自的家庭也是。薇拉和李·西曼从 1957 年开始就入股伯克希尔。

西曼坚持说："人家说这个股价太高了——我说是啊，他还要升得更高呢。赚钱的方法就是买到一只非常好的股票然后一路持有。"

芒格和巴菲特一直都对伯克希尔的股东提出警告，伯克希尔和许多其他行业一样，会经历下滑期。他们这样说了太久，股东和分析师几乎不再相信。然而，他们说的的确是事实。1998 年，伯克希尔的年报显示公司当年的收益比 1997 年下滑 24%，各项投资回报则下跌一半多。

纵观公司的发展历史，伯克希尔的短期收益反复无常——部分原因是因为保险业务的成果是出了名的不稳定，另一部分原因是芒格和巴菲特愿意为长期收益而放弃短期利润。

伯克希尔的股价在 1999 年股价下跌了 19.9%，这次下跌是 10 年来的首次，直到 2000 年上半年股价还在一路下跌，芒格警告投资者要谨慎处理自己的财务问题，确保无论市场上发生了多么疯狂的事情，你仍然能够参与游戏。他提醒投资者，如果你无法承受伯克希尔的股价（或者自己所持有的任何股票）跌掉一半的话，你最好别买。

伯克希尔股价的下跌让芒格和巴菲特在公众心目中的形象受到了损害，不过芒格和巴菲特个人的受欢迎程度如果能够有任何减少，对他们来说都是一种解脱。因为两个人都一直被要求发表各类演讲、提出建议或者给成百上千不同的慈善团体捐款。

无论如何，1999 年伯克希尔仍然是一家强大的公司。经营性收入在《财富》世界 500 强排行榜中排名第 75 位，如果算收益的话，其排名

在第 54 位。伯克希尔的净收入很强势，虽然 15 亿美元只是公司在 1998
年净收入的一半不到，但每股账面价值增加了 0.5%，相比标准普尔指数，
这个结果落后了 20.5%。有些投资者担心，按照这样的趋势伯克希尔会
经受比较严重的收入锐减。

　　长期总体来看，芒格对于伯克希尔的未来非常乐观，他说："原则上，
我们有很多非常好的业务。我们的备用金数额一直在增加，在证券交易
方面的纪录也不错。以上的因素都没有消失。"

Chapter Eleven

第 11 章

充满麻烦的投资

芒格和巴菲特的投资并不总是一帆风顺，有时候也会麻烦不断，甚至出现严重的危机，但是他们总能够直面问题，运用过人的智慧和正直的品行解决问题，并且赢得世人的尊重。

11.1 投资航空股

> 知道自己的能力圈的边界，是非常非常重要的。你
> 得始终清楚自己能做到什么、别人能做到什么，你
> 需要始终坚定地保持理性，特别是别自己骗自己。
>
> ——芒格

芒格说：人们在工作、学习上无论有多努力，错误仍然在所难免，不可能完全消除。所能期待的最好的结果就是：降低它们的发生频率，并且努力降低它们的损害程度。

即使是被誉为股神的巴菲特，在投资历程中出现错误的投资也并不在少数，公众对芒格和巴菲特的要求标准高得惊人，他们的交易受挫会比一帆风顺的交易引起更多的关注。

芒格和巴菲特收购航空公司成为媒体广为报道的投资失败案例。

1990 年，芒格和巴菲特购买了 35800 万美元的全美航空优先股，折算后占该公司股权的 12%。两个人都加入了航空公司的董事会。全美航空向伯克希尔出售股份的目的是为公司筹集急需的资金，同时让公司免受他人的恶意收购。

优先股是相对于普通股而言的一种股票类型。虽然没有选举权和被选举权，且无法退股，只能通过优先股的赎回条款被公司赎回，但在利润分红及剩余资产分配的权利方面优于普通股。

由于优先股的特殊属性，在芒格和巴菲特看来，他们投资全美航空是一种安全的赌博方式——如果他们输了，可以获得9%的优惠股息；而如果他们赢了，可以拥有全美航空公司很大的股份。但他们错误地预估了航空公司的竞争形势。

全美航空是由大湖中央航空公司、摩霍克航空公司、皮德蒙特航空公司以及太平洋西南航空公司合并而成的，合并后算得上是美国数一数二的航空承运公司，不过，炫目的开端后，全美航空就面临着严峻的形势。

由于美国对航空业的限制逐渐放松，一场争夺优势地位的混战开始了。全美航空除了要和东部航空低廉的票价竞争之外，还在1991—1994年期间遭遇了一系列空难事故。员工的士气和乘客的忠诚度双双受损。

1994年，全美航空停止支付优先股的分红，同一年，伯克希尔在公司的投资纪录中计入一笔26950万美元的税前费用。1995年，伯克希尔以35800万美元收购的股份只值8600万美元了。

两年后，由于疲于应付那些无休止的法律诉讼、运营难题，特别是工会带来的麻烦，两人都从董事会辞职。

当一位投资者要求芒格解释一下伯克希尔参股全美航空后的经济问题时，芒格回答说："很高兴你给了我一个机会来表达自己的一点谦卑之情……我们没有在这件事情上发挥自己最聪明的一面。"

1996年，巴菲特试图出售全美航空的股份，幸运的是，他没有成功。紧接着的第二年，全美航空发布了其航空史上最好的一份季报，虽然这和将泰坦尼克号驶离冰山一样困难，但全美航空开始了逆转。

"芒格和我离开董事会的时候，全美航空的运势忽然就上升了。"全美航空最终有了支付拖欠的优先股分红的能力，1998 年 2 月 3 日，全美航空回购了伯克希尔持有的 35800 万的优先股。

"那是一段令人羞辱的经历。坐在那里眼睁睁地看着资产的消失——1.5 亿美元、2 亿美元的预案，看着那些原本属于我们的、可爱的财富的消失……那些联盟都只会站在自己的立场思考现实。还有那些白痴般的竞争——包括那些已经破产的竞争对手们，一边逃避自己的债权人，一边亏钱经营拖累我们的业务。那真是一段非常不愉快的经历。"芒格回忆道，"用一句话总结，这是一种杠杆化程度非常高的业务。所以一旦行业有了起色，公司发展就会非常好。包括全美航空……虽然对于伯克希尔来说结局不错，不过我们并不想再来一次类似的经历。"

最令人困惑的一笔投资

巴菲特一直都说航空业对旅客有利，但却是投资者的噩梦。然而他还是一次又一次地被航空类股票所吸引，伯克希尔最让人困惑的一笔投资就是持有 PS 集团 20% 的股份。

有关这笔投资的前因后果可以追溯到芒格在老的太平洋海岸证券交易所里办公的时候，他把自己的朋友李克·古瑞恩介绍给了巴菲特。古瑞恩曾经和芒格以及巴菲特一起参加过对蓝筹印花公司、喜诗糖果的收购以及其他投资项目。

古瑞恩是太平洋西南航空的大股东兼董事。PS 集团是 1987 年太平洋西南航空出售给全美航空后剩下的公司，总资产约 7 亿美元的 PS 集团，其主要业务是出租那些全美航空在收购时没有买下的飞机。有些飞机又租给了全美航空。PS 集团还拥有一家旅行社、一家石油公司和天然气钻探公司、一家废品回收公司以及一家燃料公司。

1990 年，伯克希尔收购了 PS 公司 11.04% 的股份，总价为 1886 万美元。603275 股的平均购入的价格为 30.96 美元。在第一次买入的 4 个月以后，巴菲特将持股比例增加到了 22.5%。

一些专家认为，巴菲特买入这些股份是为了帮助 PS 集团的副主席古瑞恩脱离困境。多年以来，古瑞恩的财政情况时起时落，他一度被迫以较低的价格出售 5700 股伯克希尔的股票来偿还银行债务。

芒格说："巴菲特买入 PS 集团的股份大约占 PS 集团的 20%，但对于伯克希尔来说是可有可无的资产，账面上只占大概 2000 万美元，几乎可以忽略不计。出于多种原因，这成了他和我最糟糕的一笔投资。"

芒格以前的律师合伙人恰克·里克萧瑟也卷入 PS 集团。"我们从航空公司出售中得到了一笔钱，然后投资给了一笔更糟糕的资产。"里克萧瑟说。

虽然随着美联航元气的恢复，PS 集团的业务也开始上升，但还是有很多问题无法解决。PS 集团的收益起伏不定，好几次尝试通过现金投资来实现业务多元化的努力均宣告失败。

所罗门兄弟的道德危机

> 千万别陷入受害的情绪走不出来，总觉得
> 都是别人的错，这种思维方式非常害人。
>
> ——芒格

所罗门兄弟公司成立于 1910 年，启动资金为 5000 美元，经过近 30 年的发展，成为美国政府的主要债券交易商之一。后来约翰·古弗兰进入公司，在 1963 年晋升为股东，在 1978 年成为公司首席执行官。

芒格和巴菲特与所罗门兄弟之间的联系可以追溯到很多年以前，当时所罗门兄弟为伯克希尔提供投资银行和经纪服务。

伯克希尔于 1987 年购入所罗门兄弟的股份，当时公司正成为被掠夺者——是露华浓公司主席罗纳德·佩雷尔曼恶意收购的目标。

所罗门兄弟的首席执行官约翰·古弗兰为了避免这一情况的发生去找了巴菲特，希望伯克希尔能抢占大股东的位置，击退佩雷尔曼的进攻。

1987 年秋天，伯克希尔出资 7 亿美元现金购买了所罗门兄弟可赎回可转换的优先股，这些优先股每年有 9% 的利息，3 年后可以以每股 38 美元的价格转成普通股，当时所罗门兄弟的普通股交易价格为 30 美元左

右，如果在股票市场不能转换，股份会在 5 年后从 1995 年开始被所罗门兄弟公司赎回。这单交易还达成了一个 7 年的"缓冲期"，在这期间巴菲特同意不再购买任何所罗门兄弟的股份。

有经验的华尔街人对于伯克希尔向所罗门兄弟投资非常惊讶，因为芒格和巴菲特经常对经纪行和投资公司的工作质量进行非议，同时也对这些公司的高管们所享受的高额薪水和奢靡的生活不以为然。在 1982 年的伯克希尔的年报中，巴菲特责备投资银行家们总是提供他们自己能赚的最多的投资建议，他这样写道："不要问你的发型师你是不是该理发了。"

巴菲特后来解释了投资所罗门兄弟的原因，他说，他早就知道对所罗门兄弟的投资不会成为他著名的"三垒安打"式的投资，对投资银行的发展方向或未来盈利能力并没有特别预期，不过当时他找不到合适的项目投入现金，他和芒格特别欣赏所罗门兄弟的总裁古弗兰的能力与品格，尤为欣赏他宁可损失顾问费收入也要引导客户避免愚蠢交易的做法。

鉴于以上两个原因，伯克希尔投资了所罗门兄弟，作为交易的一部分，芒格和巴菲特进入了所罗门兄弟公司的董事会。

1987 年所罗门兄弟遭受巨额损失，古弗兰重组了公司，裁掉了 800 名员工，这让芒格印象深刻。当年古弗兰还拒绝了价值约 200 万美元的奖金。还有一次是在 1989 年，所罗门兄弟利润下滑，他自降 50 万美元薪水，只拿 350 万美元。

所罗门兄弟爆发危机

然而到了 20 世纪 90 年代，芒格和巴菲特不安地发现，管理混乱和缺乏对流程的关注已经成为所罗门兄弟的公司文化，在董事会上，董事们拿到的竟然是过期的资产负债表。

公司管理的混乱在 1991 年 8 月终于产生了严重的后果。

所罗门兄弟公司是美联储所发行国债的主要承销商之一，只有主要承销商才有资格直接从美国政府那里竞标购买国债，然后卖给其他人赚取差价，因此这些大承销商几乎垄断了美国国债销售市场。

所罗门兄弟的交易员保罗·莫泽尔在 1990 年 12 月和 1991 年 2 月的两次竞拍中，超过规定上限竞标国债，然后将国债囤积起来，借此压榨手头国债短缺的公司。

财政部就此展开了调查，最后在联邦监管机构的施压下，所罗门兄弟做出声明：承认莫泽尔在国债竞标中有违纪违法行为。

莫泽尔则坚称他被当作了替罪羊，他只是执行了公司发出的指令，竞投价值 15 亿美元的票证，即便这样，所罗门兄弟的竞投数额也远远高于政府规定中所允许的。为了防止垄断市场，联邦政府于 1990 年颁布一条规定，禁止单家公司在任何一次拍卖中竞标超过 35% 的国库券。

后来的调查和法庭公布的信息显示，莫泽尔在 1990—1991 年间不止一次地涉及非法交易，所罗门兄弟的高层管理者、甚至古弗兰都对非法交易知情而隐瞒不报。所罗门兄弟的法律总顾问曾建议古弗兰向联邦政府通报莫泽尔的非法交易，并请求纽约州的联邦储备银行的原谅。

古弗兰既没有向监管部门通报，也没有向董事会通报。

古弗兰以行事风格严厉而著称，在公司待了 38 年，其中 13 年在核心部门任职，尽管对媒体缺乏耐心，但古弗兰因为将所罗门兄弟建设成一家一流的投资银行而广受赞誉。

然而在这件事上，相对于果敢的行动，古弗兰的反应被芒格形容为"吮吸拇指的反应（意为犹豫不决）"。

巴菲特是在和施特劳斯共进晚餐时得知此事的，从粗略的细节和对方平常的语调中，巴菲特并没有把这件事当成一场严重的危机。当巴菲特向芒格打电话通报此事件时，芒格立刻敏锐地意识到：所罗门兄弟正在卷入一个巨大麻烦，并劝说巴菲特立即着手准备应对此麻烦。

芒格的判断显然是正确的。

22000亿美元的国库券是美国财政系统的基础所在。所罗门兄弟是美国政府发行国库券的一家主要承销商，是仅有的40家可以从联邦政府优先购买国库券、票据和债券并出售给公众的公司之一。

美国境外的个人、机构以及其他政府出资购买美国的国库券，是出于对美国政府及其公共财政系统的信任。然而，这个系统本身的运作建立在一种微妙的信任平衡的基础之上，一些专家担心所罗门兄弟的违规会毁掉美国证券在国际上的声誉，从而增加政府的融资成本。

财政部和美联储认为，所罗门兄弟公司没有及时上报并做进一步处理是严重的违法违规行为，财政部计划要宣布禁止所罗门兄弟参加财政部的竞拍，此举相当于宣布所罗门兄弟公司的死刑。

此时芒格和巴菲特的压力巨大，甚至产生绝望。

迅速应对危机

一旦意识到危机将要来临，芒格和巴菲特迅速采用了一系列雷霆手段来解决问题。

芒格和巴菲特找到了奥尔森事务所中最顶尖的律师——罗恩·奥尔森和鲍勃·德汉姆，以应对法律问题和一群盛怒的、随时准备提出犯罪诉讼的政府机构。

芒格和巴菲特共同决定：放弃所罗门兄弟董事会和前任律师之间的保密特权，用最快的速度把所有的资料都发给监管机构，这一举措得到监管机构的认可和赞赏，他们决定不再起诉所罗门兄弟。

为了重塑公众对所罗门兄弟的信心，芒格和巴菲特决定启用新的领导层，巴菲特公开发言说："新的领导层会把所罗门兄弟整顿好，不会任由公司腐烂到顶，也不会再卷入违规问题。"

芒格的态度比巴菲特更硬朗，在董事会上，芒格明确说道："以前的管理人员们，你们的时代终结了，我们再也不会相信你们了，我们不能让你们再继续做主要交易商。我们对自己的主权给予关注。对于古弗兰没有向董事会完整地报告整件事，我们无法原谅。"

古弗兰和公司总裁施特劳斯双双于 1991 年 8 月 18 日辞职。这对于古弗兰来说无疑是一个悲剧性的结局，而他曾被《商业周刊》评价为"华尔街之王"。

无疑，芒格和巴菲特所采取的一系列措施，成功将一场严重的危机置于控制范围内，对于重塑公众对所罗门兄弟的信心具有决定性作用。

所罗门兄弟被政府暂时禁止交易，这促使所罗门兄弟的律师开始制订破产计划，公司面临即将破产的窘境。一个星期内，所罗门兄弟的个股价从 36 美元狂跌到 27 美元。公司债券的下跌迫使公司管理层做出了前所未有的决定：停止公司所有在证券方面的交易。

芒格和巴菲特意识到：最起码有 5 个相关机构对于所罗门兄弟的问题非常关注，分别是证交所、联邦储备银行纽约分行、美国财政部、纽约州南部的律师以及司法反垄断处。要挽回颓势，就必须让公众认为所罗门兄弟并没有濒临破产。如果宣布破产，10亿美元的交易也无法结清所有该结清的问题。"

芒格和巴菲特开始分工处理各自最擅长的领域。芒格处理法律问题，巴菲特负责处理管理层的问题，并和一些关键人物进行沟通。

董事会认为有必要任命一位新的管理者，一个监管层和公众都相信的、有道德操守、完全值得信赖的人，显然巴菲特是最佳人选，尽管芒格建议巴菲特不要接受这个职位，但巴菲特还是接受了这个职位。

巴菲特与时任美联储主席的艾伦·格林斯潘沟通时表示：如果要他就任所罗门兄弟的临时董事长，前提是撤销禁止所罗门兄弟参加财政部竞拍的公告，否则这家国际性大公司将提交破产申请，全球金融市场将会陷入多米诺效应和恐慌。

在万分紧急之下，财政部同意保留所罗门兄弟的竞标权利，巴菲特就任了所罗门兄弟的临时董事会主席，并选定了新的CEO。

由于巴菲特声誉良好，他在担任董事会主席后，尼克·布雷迪（时任财政部的秘书长）的态度有所软化，这就足以成为一个信号。基于布雷迪的态度不那么强硬，芒格和巴菲特知道怎样做会为所罗门兄弟挽回声誉。

在内部开展整顿

巴菲特担任所罗门兄弟的临时董事长后，和芒格在公司内部展开整顿，他们辞退了35名公司高管，取消了所罗门兄弟内部奢侈的高管待遇，出面和美国财政部谈恢复所罗门兄弟地位的问题，在国会作证说所罗门兄弟会改正错误。甚至为了赢回市场声誉，巴菲特还在他钟爱的《华尔街日报》上登了整版的广告。

最大的整顿则是在公司内部进行诚信教育。巴菲特给所罗门兄弟的所有员工写了一封信，要求大家将所有违反法律和道德的事情都上报给他。一些违规报销的错误最终得到了原谅。

芒格事后回忆道："在所罗门兄弟开展整顿的这段时间是一段非常紧张的经历，不过健康和年龄问题并没有让我的行动有所减缓。"

芒格对于解决问题的最佳方法有真正的想法，他对于管理层中的很多人来说如芒刺背，他常常对公司的常规和惯例提出质疑，盯着棘手的问题不放，一次又一次地要求他们解决很多很复杂的事情，例如审计、管理、衍生交易、风险管理等。

所罗门兄弟最后得到的处理是一笔相当轻的罚款——29000万美元，同时没有任何犯罪起诉，巴菲特认为芒格在这一事件中厥功至伟。

作为法律处理结果的一部分，所罗门兄弟承认在 1991 年的数次国库券拍卖中，投标数额大大超过总额的 35% 的上限，从而违反了法规中对于每家公司可以竞投的比例限制。同时还承认，在得到客户默许的情况下，用客户的名义进行投标，让所罗门兄弟可以买到比允许数额更多的国库券。交易员保罗·莫泽尔被停职，后来他对于向联邦政府撒谎这件事供认不讳，在监狱中服刑 4 个月。

至于最终的处理结果，很多人都认为这样的解决方式近乎奇迹，只要是完全了解事实真相的股东们对此都非常满意，认为比他们预想的结果都要好。

一年后，在所罗门兄弟的业务恢复后，巴菲特把临时董事长的职务让了出来。几年后，所罗门公司被旅行者集团并购，后来归入花旗集团。

1995 年开始，一部分优先股被所罗门兄弟回购。在 1997 年，所罗门兄弟被旅行家集团收购，另一部分优先股投资也得以收回。巴菲特说："相对于所得到的回报，与我和芒格在投资所罗门兄弟上所花费的精力不成正比。"

所罗门兄弟事件为芒格和巴菲特在商业领域既建立了稳固的正义之声的形象，也显示出他们雷厉风行的行事作风。

芒格说，"在所罗门兄弟事件中有许多教训可以学习，其中非常重要的一点是：一旦发生了严重的问题，最高层管理人员的反应一定要既迅速又彻底。古弗兰在看到莫泽尔出麻烦的时候没有向纽约政府汇报是一个巨大的错误，如果他当时及时向政府汇报，显然事情不会演变为灭顶之灾。"

虽然所罗门兄弟顺利度过了严重的危机，但芒格认为未来仍然有可能发生同样的事情，他说："我和巴菲特永远不会停止对诚实和正直的追求"。

巴菲特后来屡屡出言批评华尔街的行径。这一点他在回忆录中说得很清楚："如果管理者让公司亏钱了，我还能理解，但是如果让公司名誉受损，那我将毫不留情。"

附 录

查理·芒格大事年表

1924 年

芒格出生在内布拉斯加州奥马哈市。

1941–1942 年

芒格就读于密歇根大学，专业为数学。

1943 年

芒格加入美国陆军空军兵团，服役期间为天文士官。

1946 年

芒格和南希·哈金斯结婚。

1948 年

芒格以优秀毕业生身份从哈佛大学法学院毕业。

1949 年

芒格考取加利福尼亚州律师执业执照。

1950 年

芒格和埃德·霍斯金斯共同创业，开办了变压器制造公司。

1951 年

芒格和南希·哈金斯离婚。

1955 年

芒格的儿子泰迪死于白血病。

1956 年

芒格和南希·巴里·博斯韦克结婚。

1959 年

芒格与沃伦·巴菲特相识。

1960 年

芒格拆了他家位于洛杉矶汉考克公园地区的两座房子。他把其中一块地卖掉，用得到的钱在另外一块地上盖了新房，全家搬进去住。

1961 年

（1）芒格和合伙人埃德·霍斯金斯卖掉变压器制造公司。

（2）芒格开始他的第一个房地产开发项目。

1962 年

（1）芒格和杰克·惠勒合伙，在洛杉矶设立了一家有限责任合伙制企业——惠勒芒格公司。

（2）芒格、托尔斯的律师事务所开业。

（3）巴菲特开始买进处于困境中的伯克希尔的股票。

1965 年

芒格停止他的律师生涯。

芒格、巴菲特和瑞克·格伦开始买进蓝筹印花公司的股票。

巴菲特买进了足够的伯克希尔股份，取得了这家公司的控股权。

1967 年
芒格和巴菲特到纽约收购联合棉花商店。

1968 年
巴菲特开始清算伯克希尔的资产，将其重新打造成一家控股公司。

1969 年
芒格和巴菲特为贝洛斯医生提供资金和法律援助，支持其向加利福尼亚州高等法院上诉；贝洛斯医生此前因介绍病人去某个堕胎诊所而被判有罪。

芒格成为洛杉矶哈佛中学的校董，该中学后来和西湖中学合并。

1972 年
巴菲特和芒格通过蓝筹印花公司以 2500 万美元的代价收购了喜诗糖果。

瑞克·格伦和芒格取得新美国基金的控股权。

1973 年
伯克希尔开始投资华盛顿邮报公司。

1974 年
（1）芒格成为哈佛中学校董会主席，并担任该职务到 1979 年。

（2）巴菲特和芒格收购了韦斯科金融公司——位于帕萨迪纳的一家储蓄和贷款联盟的母公司。

（3）芒格和巴菲特以 4500 万美元购买政府雇员保险公司的股票，到 1989 年这些股票的价值已达 14 亿美元。

1975 年
芒格辞去惠勒芒格公司的领导职务，该合伙公司在 1976 年被清算。

1976 年

（1）美国证券交易委员会完成了对蓝筹印花公司、韦斯科金融公司和伯克希尔公司的关系的调查，蓝筹印花公司的纠纷得以解决。

（2）芒格成为蓝筹印花公司的主席。

1976 年

巴菲特和芒格买入 GEICO 保险，直到 1995 年彻底控股该公司。

1977 年

巴菲特和芒格以 3200 万美元的价格收购了《布法罗晚报》。

1978 年

（1）芒格成为伯克希尔公司的董事会副主席。

（2）芒格的视力问题开始出现。

1979 年

伯克希尔开始收购 ABC 公司的股票。

1980 年

芒格的白内障手术失败，导致左眼失明，并引发了极其痛苦的并发症。他的右眼视力逐渐恶化，但通过手术解决了问题，后来佩戴厚厚的白内障眼镜。

1983 年

蓝筹印花公司成为伯克希尔的全资子公司，收购内布拉斯加家居城。

1984 年

芒格成为韦斯科金融的董事会主席和总裁。

1985 年

（1）韦斯科—金融保险公司成立，总部设在奥马哈。

（2）伯克希尔永久关闭了旗下所有的纺织厂。

1986 年

（1）芒格和瑞克·格伦关闭了获得巨额利润的新美国基金，并将资产分派给该基金的投资者。

（2）洛杉矶每日快讯集团上市，芒格担任该公司的董事会主席。

（3）芒格和巴菲特以 5 亿美元购买了美国广播公司的股票，到 1986 年年底，这些股票的价值已达 8 亿美元。

1987 年

伯克希尔投资 7 亿美元买进所罗门兄弟公司 12% 的股份。巴菲特和芒格当选为该公司董事。

1988 年

伯克希尔重仓买入可口可乐公司的股票，1989 年增持 4 亿美元，1994 年又增持 3 亿美元，累计投资 13 亿美元。

可口可乐公司成为伯克希尔最有利可图的投资之一，并且一直持有至今。

1989 年

伯克希尔投资了三家公司：吉列、美国航空和冠军国际。

1990 年

伯克希尔公司投资富国银行。

1991 年

所罗门兄弟公司丑闻爆发，巴菲特、芒格努力挽救该公司。巴菲特接管了所罗门兄弟，担任该公司首席执行官 9 个月。

1993 年

（1）芒格第一次出现在《福布斯》富豪榜上。

（2）芒格和巴菲特临危受命，成为美国航空的董事。

1994 年

芒格和巴菲特将大都会／美国广播公司出售给沃尔特·迪士尼公司，获利 20 亿美元。

1995 年

芒格和巴菲特退出美国航空董事会。

1997 年

（1）芒格加入好市多董事会。

（2）伯克希尔公司以 90 亿美元的价格将所罗门兄弟卖给旅行者集团。

1998 年

（1）伯克希尔以 7.25 亿美元收购商务飞机租赁公司。

（2）旅行者集团并入花旗集团，组建世界最大的金融服务公司。

（3）伯克希尔以 220 亿美元收购了通用再保险公司。

1999 年

（1）伯克希尔收购乔丹家具公司。

（2）当年伯克希尔的账面价值仅增长了 0.5%，是 35 年来的最差表现。

2002 年

伯克希尔销售 4 亿美元名为 SQUARZ 的新型债券——有史以来第一只负利率债券。

2003 年

（1）2002 年到 2003 年间，伯克希尔买入中国石油的股票。

（2）伯克希尔收购克莱顿家居公司（家居用品制造商）和麦兰公司（原本是沃尔玛的子公司，负责配送日杂百货和非食物商品到各个商场）。

2004 年

伯克希尔投资外汇市场，持有价值 120 亿美元、涉及 5 种外国货币的外汇交换协议。

2005 年

伯克希尔以其持有的约 10% 的吉列股份交换宝洁公司的流通股。

2006 年

（1）伯克希尔投资伊斯卡金属切割集团（该集团是金属切割工具行业的领导者，总部位于以色列）。

（2）投资拉萨尔集团，这是一家领先的名牌运动服和运动用品的供应商。

2007 年

伯克希尔收购如下几家公司：创科集团（TTI）、VF 集团的内衣业务部门；两家珠宝供应商，合并成一家叫作瑞奇莱恩集团的新公司。

2008 年

（1）伯克希尔开设新的市政债券保险公司，它还向三家最大的市政债券保险公司报价，为它们持有的总值大约 8000 亿美元的免税债券提供再保险。

（2）伯克希尔购入比亚迪公司的股票。

2000 年
伯克希尔清仓了几乎所有房地产股票，躲过了次贷危机。

2011 年
伯克希尔购买美国银行的股票。

2013 年
伯克希尔以 56 亿美元整体收购了内华达能源公司。

收购亨氏公司，并创造了一种合伙收购模式。